Für alle, die suchen

Penny McLean

Kontakte mit Deinem Schutzgeist

Verlag PETER ERD · München

Umschlaggestaltung: Barbara Klauer
Illustrationen: Verena Kleiner

Printed in West Germany
ISBN 3-8138-0139-X

INHALT

TEIL 1

DIE BIOGRAPHIE

*»Schutzengel mein,
hüt' mich fein, Tag und
Nacht, früh und spät, bis
meine Seel' zum Himmel
geht.«*

Irgendwann zwischen Kindheit und Schule hörte ich auf, zu meinem Schutzengel zu beten. Das geschah nicht, weil ich nicht mehr an ihn glaubte, sondern aus reiner Zeitersparnis. Mir erschienen Jesus, Maria und der liebe Gott im allgemeinen anbetungswürdiger als ein Engel, von dem man nichts Genaues wußte.

Ab und zu sah man schöne Bilder in Schlafzimmern von ehrbaren Verwandten, auf denen er – angetan mit riesigen Flügeln – ängstliche Kinder über baufällige Brücken geleitete, die natürlich über reißende Bergströme führten. Ich lebte in einer österreichischen Kleinstadt, wo es zwar einen See gab und einige sanft dahinplätschernde Flüßchen, aber keinesfalls in Verbindung mit baufälligen Brücken, und so erschienen mir die Gebete an den Schutzengel mehr und mehr überflüssig. Also wurden das »Vater unser«, das »Gegrüßet seist du, Maria« und auch das »Ehre sei Gott in der Höhe« beibehalten, ein Grundrepertoire, das im Laufe der Jahre um mindestens fünfzig weitere Gebete und religiöse Gesangstexte erweitert und brav benutzt wurde.

Vom Schutzengel war nirgends mehr die Rede. Ab und zu hörte man Historisches in bezug auf die Unbefleckte Empfängnis und die Geburt Jesu Christi, aber das waren dann auch schon die letzten prägnanten Ereignisse, in denen sich Engel profiliert hatten.

Ich gebe zu, es hatte schon einmal bessere Zeiten gegeben für Engel. Aber die spielten sich alle im Alten Testament ab, was mir so unendlich weit weg vorkam, daß das Interesse auf diesem Wege auch nicht mehr geweckt werden konnte.

Von Maria hatte man wenigstens auch in nachbiblischen Zeiten Nachhaltiges vernommen, mit Schleier und Jesuskindlein auf dem Arm und mit mehr oder weniger bedrohlichen Prophezeiungen. Aber wer hätte schon jemals gehört, daß sich ein Wallfahrtsort entwickelt hätte, weil jemandem ein Engel erschienen war?

Zu Engeln beten allenfalls die kleinen Kinder, weil es ja so rührend ist, wenn sie im Bettchen sitzen und mit gefalteten Händen ihr Sprüchlein dahersagen. Wenn man größer wird, dann kommt der Schutzengel in dieselbe Schublade, in der schon Osterhase, Weihnachtsmann und Einhorn ruhen.

So war es auch bei mir. Nur – mein Schutzengel ließ sich das nicht gefallen. Er wollte, daß ich von seiner Existenz wußte und daß ich mit ihm Kontakt aufnahm und ihn verstehen konnte. Die

Chancen standen zunächst 0:1 gegen ihn, denn er mußte es schaffen, aus der Schublade herauszukommen, in die er völlig unrechtmäßig – wie sich im Laufe der Zeit herausstellte – verfrachtet worden war, und er mußte einen Weg finden, sich optimal zu etablieren.

Nie im Leben werde ich vergessen, wie ich ihn das erste Mal bewußt als Fremdstimme in meinem Kopf hörte und ihn wie ein um mich besorgtes, mir zu Hilfe eilendes »Etwas« empfand. Als »Etwas«, nicht als Schutzengel wohlgemerkt.

Ich war neun Jahre und zehn Monate alt und von meinen Eltern in ein wirklich schreckliches, gnadenlos katholisch durchorganisiertes Internat gebracht worden. Ich begriff erst richtig, wo ich gelandet war, als meine Mutter die letzten Sachen in das Nachtkästchen räumte und mein Vater mir ein Gebetbuch überreichte, mit der passenden Bemerkung, es nicht zu verlieren und auch sonst »brav« zu sein. Und plötzlich überkam mich eine solch hoffnungslose Verzweiflung, daß ich meine während der ganzen Fahrt in diese Anstalt mühsam verbissenen Tränen kaum mehr zurückhalten konnte. Ich fühlte mich am Rande meiner Beherrschung angekommen. Etwas von »austreten« murmelnd, rannte ich in die Richtung, in der ich die diesbezüglichen Örtlichkeiten vermutete, stürzte in eine der Zellen und warf die Türe hinter mir zu. Ich lehnte mich gegen die Trennwand und dachte nur: ». . . sterben, sterben.«

Und da, in diesem miesen, kleinen Verschlag, hörte ich ihn zum ersten Mal, wußte nicht, daß *»er«* es war, den ich mir als Schutz in dieser weltlichen Existenz erbeten, ja erbettelt hatte. Erst viele Jahre später sollte ich ihn mit Namen kennenlernen und noch später mit Kummer von ihm Abschied nehmen, als der Zeitpunkt seiner Reinkarnation gekommen war. Ich hörte ihn so klar und deutlich wie eine neben mir stehende Person und wußte doch sofort, daß es jemand Unsichtbarer war, der hier zu mir sprach. Symptomatisch war, daß ich mich weder eine Sekunde fragte, *wer* denn da zu mir in meinem Kopf sprach, noch erschreckt reagierte.

Angst hatte ich nur vor meiner Umgebung, meiner Zukunft, vor dem bis dahin Unbekannten. Ich benötigte Trost und Fürsprache, die mir meine Eltern weder geben konnten noch für nötig hielten, da sie meine Qual überhaupt nicht begriffen. Und dieser da in meinem Kopf wußte, begriff und durchschaute alles! Ich kann mich nicht mehr wörtlich an das von ihm Gesprochene erinnern, aber er sagte mir sinngemäß, daß er bei mir sei und daß ich ohne Angst sein solle, es wäre alles in Ordnung.

Im nachhinein klingt das nun überhaupt nicht gewaltig oder überwältigend, aber *wie* er es sagte, hatte so eine unmittelbar überzeugende und beruhigende Wirkung, daß ich tatsächlich in der Lage war, meine Eltern in einer Verfassung zu verabschieden, die sie in dem Glauben dahinziehen ließ, es ginge mir ausgezeichnet.

Sicherlich habe ich in den folgenden Jahren Kontakt mit diesem Unsichtbaren gehabt, aber es war mir nicht bewußt, oder ich kann mich heute nicht mehr daran erinnern, bis auf ein einziges Mal. Da diktierte er mir eine Physik-Schulaufgabe von A bis Z, die unter Umgehung sämtlicher unterrichtsüblicher Formen und Regeln die gestellten Aufgaben so brillant löste, daß meine Lehrerin ihren Augen kaum traute. Immerhin war ich mit konstanter Beharrlichkeit über Jahre hinweg ihre schlechteste Schülerin gewesen. Dieser fachkundige Ausrutscher brachte sie schwer ins Grübeln. Aber nur kurz. Ich konnte das Phänomen nie mehr wiederholen.

Interessant war, daß sich die Stimme – nachdem die Aufgabenzettel verteilt waren – meldete, mich begrüßte und dann ohne Pause eine halbe Stunde lang vier Seiten diktierte, nicht ohne mir zwischendurch plausible Erklärungen für das Diktierte zukommen zu lassen. Dies war die einzige halbe Stunde meines Lebens, in der mich nichts vom vollkommenen Begreifen physikalischer Vorgänge trennte. Es war alles klar, aber nur, solange mein Sprecher anwesend war.

Kaum war er wieder in die Unhörbarkeit zurückgekehrt, war ich nicht einmal mehr in der Lage, auch nur den kleinsten Absatz meiner Arbeit zu erklären.

Erst nach fünf weiteren, in dieser Beziehung ereignislosen Jahren, wiederholte sich während meiner sozialpädagogischen Ausbildung das Phänomen noch einmal, und zwar in zwei Deutsch-Arbeiten. Diesmal war es aber schon so, daß ich einen Satz, eine Formulierung anbot und auf der Stelle ein Gegenangebot hörte, das meines um hundert Prozent übertraf.

Bis heute bin ich nicht in der Lage, zu erklären, was damals die Voraussetzungen waren, welche die Basis für eine erfolgreiche Kooperation schufen. Der Unsichtbare tauchte anscheinend auf, wann er wollte, und das nur bei Aktivitäten meinerseits, die ihm Spaß machten.

Ich habe wirklich versucht, mich mit aller Kraft zu konzentrieren, um mir in Erinnerung zu rufen, wie oft diese »Intelligenzblitze« tatsächlich stattgefunden haben. Das hängt auch damit zusammen, daß ich damals wirklich so naiv war zu glauben, daß ich selbst der Erzeuger dieser mir gar nicht gleichenden Ausdrucksweise und Manifestationen war. Nicht eine Sekunde dämmerte mir, daß ich vielleicht nur das Radio eines Senders sein könnte, dessen Schaltstelle ganz woanders postiert war.

Nichtsdestotrotz fingen in dieser Zeit Leute aus meiner Umgebung an, mich als hellsichtig zu bezeichnen. Das rührte daher, daß mir, wenn ich jemanden länger ansah, Ideen durch den Kopf schossen, die ich dann – ohne Rücksichtnahme auf passende oder ungeeignete Momente – lautschallend von mir gab, wobei ich mich manchmal selber über meine Einfälle wunderte. Diese mit überraschender Vehemenz meinen normalen Denkvorgang unterbrechenden Ideen wurden mir so vertraut, daß ich sie als Teil meines Denk-Charakters wie selbstverständlich akzeptierte.

Um meinen neunzehnten Geburtstag herum lernte ich eine meiner wohl wichtigsten Lehrerinnen kennen: Mira von Dietlein, ihres Zeichens Astrologin. Sie mag – als wir uns zum ersten Mal trafen – Mitte Sechzig gewesen sein, und sie erkannte in mir nach einer kurzen Unterhaltung sofort »das Radio«.

Ich werde mich immer – wahrscheinlich sinngemäß sogar zu Unrecht – dagegen verwahren, als Medium bezeichnet zu werden. Doch ich habe zu oft erlebt, wie eben solche Medien – in mich ungut berührenden Sitzungen – ihre gesamte Persönlichkeit und Bewußtheit verloren und sich einer sie besetzenden Macht ergaben, deren Mitteilungen sie vollkommen ausgeliefert schienen. Solche Veilances (von veil = der

Schleier, engl.), Besitzergreifungen, habe ich an mir selbst niemals erlebt.

Bis heute kommt es vor, daß ich mit meinem unsichtbaren Informanten nicht einer Meinung bin und ich meine Zuhörer um Geduld bitten muß, bis die aus dieser Diskrepanz entstehenden Diskussionen beendet sind. Ungern, aber ehrenhalber gebe ich zu, daß ich meist den kürzeren ziehe, wobei ich immer wieder festgestellt habe, daß, wenn ich irgendwo privat oder vortragsmäßig nicht nur über esoterische Dinge spreche, nur dann gestoppt werde, wenn ich nicht zu vertretenden Unsinn von mir gegeben habe. Kleinere Ausrutscher werden zwar moniert (na, na, oder ähnlich), führen aber nicht zu einer Unterbrechung. Anders in den obengenannten Situationen, wo ich mitunter nicht mehr in der Lage bin, meine Rede fortzusetzen, weil der Protest in meinem Kopf so laut werden kann, daß er meine eigene Sprechstimme übertönt.

Es entbehrt nicht der Komik, wenn ich mitten in einer blumenreichen Ausführung mit einem scharfen »Halt, halt, halt!« oder einem kurzen »Blödsinn!« gestoppt werde. Es geht mir dann ähnlich wie einem Reiter, dessen Pferd es beliebt, vor einem 1,80-Meter-Hindernis unerwartet zu stoppen.

Aber zurück zur alten Frau von Dietlein: Sie war es, die mir die Zusammenhänge zwischen

Kosmos und Schicksal, sprich zwischen Molekül und Struktur, eröffnete und mich das I-Ging lehrte. Als sie sicher war, daß ich die esoterischen Grundbegriffe beherrschte, übertrug sie mir ihre Kunst des Kartenlegens. Erst viel später begriff ich, daß das Kartenlegen die Grundschule für das Abhören schutzgeistlicher Informationen war, denn es beinhaltete die erste Grundregel für bewußten Umgang mit Schutzgeistern: »Bitte, und du wirst empfangen.«

Als ich das erste Mal im Beisein meiner Lehrerin das Kartenblatt legte, stand ich davor wie der berühmte »Ochs vorm Berg«. Da lagen viele hübsche bunte Bildchen vor mir, deren Bedeutung ich mir zwar im einzelnen, nicht aber im Zusammenhang erklären konnte. Mira nahm meine Ratlosigkeit mit verhangenen Eulenaugen zur Kenntnis. »Sage nun genau, was du wissen möchtest und um was es geht«, wies sie mich an. Damit hatte sie mir die zweite Grundregel beigebracht.

Fortan hielt ich es so, daß ich – oft Stunden vor einer Beratung – das Geburtsdatum des zu Beratenden durchgab und den Zeitpunkt seines Kommens anmeldete. Meistens erfolgte die Bestätigung sofort, und ich konnte sicher sein, daß die Mitarbeit im entscheidenden Moment nicht ausbleiben würde.

Dann kam die dritte und entscheidende Grundregel: »Höre, höre und höre noch mal.«

Das war am Anfang das Schwerste, denn ich mußte etwas lernen, was jeder, der sich auf Sprech-Kontakt-Suche zu seinen Schutzgeistern befindet, lernen muß: zu unterscheiden zwischen eigener und fremder Denkstimmenfärbung. Ein Hellseher (-hörer), der das nicht beherrscht, ist keinen Pfifferling wert.

Ich fing also an, auf die Stimmenfärbung zu achten, wenn ich dachte: »Wo ist denn diese verdammte Zuckerdose schon wieder«, oder wenn ich einen Satz hörte wie: »Nein, morgen fliegst du nicht nach Hamburg, weil wegen Nebels nicht gestartet werden kann«. Was mein privatbezogenes Denken betraf, so konnte ich die Unterscheidung bald perfekt handhaben, da ich feststellte, daß alle Sätze, die in der »Du-Form« kamen, der Fremdstimmenfarbe zugehörig waren.

Mein Schutzgeist sprach mich regelrecht an, und damit stieß ich auf ein weiteres Phänomen. Je besser ich lernte zu hören, desto klarer wurde mir die Verschiedenartigkeit der Stimmen, Anreden und Aussagen. Mit einem Wort: Hier war nicht nur *ein* Sprecher am Werk! Ich fragte Mira darüber aus, und sie war sehr befriedigt über meine Feststellung, denn – so sagte sie mir – »kein Mensch hat nur einen Schutzgeist«. Für sie waren meine Fragen der Beweis, daß der Kanal zu meinen unsichtbaren

Begleitern offen war und einer immer besser funktionierenden Zusammenarbeit nichts im Wege stand.

In Windeseile wurden mir nun die Synonyme der Kartensprache mitgeteilt, wobei ich in den Beratungen die Karten eigentlich immer weniger, am Schluß gar nicht mehr brauchte; sie waren nur mehr ein Vehikel für eine bestimmte Schicksalablaufsübermittlung. Zuletzt wurden sie nur mehr als »Excuse« verwendet, weil ich nicht jedem, der zu mir kam, von meinen Hirnchören berichten wollte. Die Angst, für verrückt gehalten zu werden, war damals noch sehr groß, obwohl ich wußte, daß ich im Recht war.

Obwohl mir Mira von Dietlein das Wissen um Schutzgeister und Hellhören vermittelt hatte, reichte meine geistige Reife damals bei weitem noch nicht aus, um mit diesem Geschenk optimal umgehen zu können. Von den großen Gesetzen der Esoterik und ihren Zusammenhängen hatte ich zu der Zeit nur eine blasse Ahnung, was mir selbst aber gar nicht bewußt wurde. In meinem jugendlichen Unverstand kam ich mir schon äußerst weise vor.

Ich fing zu der Zeit an, als Sängerin in Bands, kleinen Orchestern mit Pop-Repertoire zu arbeiten. Die erste wirklich professionelle Formation waren die »Tide-Turners«, bestehend aus vier jungen Männern und zwei Mädchen, wovon eines ich war. Wir traten im damals größten Tanzlokal Münchens auf und waren bald eine wirklich gute und gefragte Gruppe, die über die Grenzen Deutschlands hinaus engagiert wurde. Der Band-Leader hatte mich zuvor in einem Schwabinger Lokal zur »Klampfe« singen gehört und blitzartig herausgeholt. In diesen Zeitabschnitt fiel auch mein erstes Zusammentreffen mit Dr. Michael Kunze – meinem späteren Produzenten – und seiner Frau Roswitha.

Daß meine Schutzgeist-Durchsagen damals noch nicht so einwandfrei funktionierten, kann man schon folgendem Vorfall entnehmen: An einem meiner »Klampfenabende« saßen die beiden Kunzes im Publikum. Nach meiner glanzvollen Darbietung (fünf Volkslieder) trat der damals fünfundzwanzigjährige Jurist an mich mit der Frage heran, ob ich denn mit ihm eine Platte produzieren wolle. Ich muß dazu sagen, daß der gute Michael der einzige Mensch ist, der offensichtlich keinem einzigen Laster frönt, zumindest habe ich auch nach achtzehn Jahren enger Freundschaft noch keines entdeckt. Und demzufolge sah er mit fünfundzwanzig Jahren wie fünfzehn aus. Nicht weniger kindlich wirkte seine angebliche Ehefrau. Ich glaubte ihm kein Wort, und dementsprechend fiel auch meine Antwort aus: »Nein, danke, mit Kindern arbeite ich nicht!« Und kein Schutzgeist schrie dazwischen. . . . Aber Michael war klug und voraussichtig, geduldig und hartnäckig, so daß es die guten Geister via Kunze verhinderten, daß diese wichtigste aller meiner Freundschaften schon in den Ansätzen von mir erleuchteter Person abgewürgt wurde.

In diesen Jahren machte ich auch viele Studioaufnahmen für den späteren Hollywood-Komponisten und Oscar-Preisträger Giorgio Moroder. Eines Tages bot er mir einen festen Vertrag an. Das war es, wovon alle Sänger träumten.

Mit Michael, der mit einigen ziemlich erfolglosen Schallplatten versucht hatte, mich an die Öffentlichkeit zu bringen, verbanden mich nur mündliche Absprachen, und sichtlich schweren Herzens riet er mir nun – gegen seine eigenen Interessen –, dieses Angebot und die vermeintliche Chance wahrzunehmen. Ich hatte die Feder schon in der Hand, um zu unterschreiben, als es in meinem Kopf buchstäblich brüllte: »Um Gottes willen, nein.« Ich unterschrieb nicht.

Vier Jahre später produzierte mich Kunze auf die ersten Plätze sämtlicher Hit-Paraden der Welt. Es war sicher nicht so, daß der eine besser oder schlechter war als der andere, aber es war nicht mein Weg, was ich damals noch nicht begreifen konnte, da ich nichts vom Gesetz der sieben Jahre wußte. Michael hatte zu dem Zeitpunkt der Vertragsentscheidung bereits drei Jahre in mich investiert. Nach dem Gesetz brauchten wir also nur noch vier Jahre durchzuhalten. Wäre ich abgesprungen, hätte ich damit den schicksalsmäßig einzigen Startpunkt meiner Karriere nicht wahrnehmen können. Ich will damit nicht sagen, daß mir die Karriere über alles ging. In meinem Fall jedoch hatte sie eine Doppelbedeutung, über die ich später noch reden werde, aber vorerst sitze ich ja noch in einem Münchner Tanz-Beisel und harre der Dinge, die kommen sollen.

Wie so oft im Leben zerstritt sich unsere Gesangsgruppe. Mir wurde die Arbeitsatmosphäre unerträglich, und so war ich die erste, die kündigte. Ein Ersatz wurde gesucht. Endlich – nach Wochen – meldete sich eine Sängerin aus Amsterdam. Sie reiste an mit ihrem Mann. Blond und unscheinbar saßen beide einen Abend lang im Publikum, um unser Programm zu hören. Um ein Uhr nachts, als wir geendet hatten, trat die junge Frau – an deren Namen ich mich nicht mehr erinnere – auf die Bühne und sagte: »Es tut mir leid, aber ich möchte in eurer Gruppe nicht arbeiten, aber mit Ihnen . . .« – und damit drehte sie sich um und sah mich durchdringend an –, ». . . mit Ihnen möchte ich gerne sprechen.« Ich setzte mich mit dem Ehepaar in eine ruhige Ecke, nicht ahnend, daß mir eines der wichtigsten Gespräche meines Lebens bevorstand.

Es fing harmlos an. Wie ich leben würde und

was ich so denken würde, fragten sie, und ob ich an Gott glaube und an Wiedergeburt usw. Ich sagte ihnen, was ich für richtig hielt, und hörte, wie die junge Frau immer wieder zu ihrem Mann sagte: »Das ist sie. Ich sage dir, sie ist es!« Endlich konnte ich meine Neugier nicht mehr zügeln, und ich fragte sie, was sie denn damit meine.

Die Geschichte, die jetzt kommt, klingt wie ein Märchen, aber sie ist wahr, so erlebt, wie ich sie erzähle. Das Mädchen sagte mir, sie sei nur wegen mir und nicht wegen des angebotenen Jobs gekommen. Sie habe in einer Séance (spiritistischen Sitzung) in Amsterdam mit Rudolf Steiner gesprochen, und dieser habe sie angewiesen, auf ein in den nächsten Tagen eintreffendes Angebot aus München sofort zu reagieren, nicht wegen des Angebots an und für sich, sondern wegen einer jungen rothaarigen Frau, die einer Gruppe zugehörig sei und die dringend das Verständigungssystem kennenlernen müsse.

Ich lauschte fasziniert. Ich hatte keine Ahnung, wer Rudolf Steiner war, was es mit seiner Gruppe auf sich hatte und von was für einem Verständigungssystem hier die Rede war. Aber daß jemand aus dem Jenseits imstande war, ein Ehepaar aus Amsterdam nach München zu schicken, nur um mich mit irgendeinem System bekannt zu machen, das imponierte mir. Sie nahmen mich noch in derselben Nacht in eine kleine Wohnung von Münchner Freunden mit, und dort lernte ich in einer einzigen Stunde, wie man mit materiellen Mitteln mit den Jenseitigen in Kontakt treten kann. Es waren dazu mindestens zwei Personen erforderlich und notfalls ein Schriftführer, der alles notierte, was manchmal in Blitzesschnelle gesagt wurde.

Da stand ich also nun mit meiner neu erlernten Weisheit und hatte keine zweite Person, die ich ins Vertrauen ziehen konnte. Trotzdem wußte ich, daß ich schnell jemanden finden mußte, denn sichtlich drängten die Zeit und die Neugier.

Einige Abende später hatte ich wie immer zu singen. Meine Kündigung sollte erst nach zwei Monaten in Kraft treten. Und so stand ich, wie immer in den Pausen, die wir hatten, am Tresen herum, wo die Kellner die Getränke für die Gäste holten. Das Personal war gemischt, männlich und weiblich, wobei mir eine junge Bedienung mit hüftlangen Haaren als besonders schroff und unfreundlich auffiel. Sie ließ keine Gelegenheit aus, uns Musikern ihr Riesentablett ohne Vorwarnung oder Entschuldigung in die Weichteile zu rammen, und genauso geschah es auch heute wieder. Und ich war das Opfer. Aber ein Opfer, das nicht gewillt war, klein beizugeben. Ich blieb wie angemauert stehen, was meine Angreiferin so aus dem Konzept brachte, daß ihr das Tablett entglitt und zu Boden fiel. Unter den landesüblichen Kommentaren der Nichtbeteiligten bückten wir uns beide und sammelten die Scherben ein.

Die Szene, die dann kam, war kitschfilmreif. Wir sammelten immer langsamer, immer langsamer, bis wir mitten in der Bewegung innehielten und uns in die Augen starrten. Endlich sagte Sigrun, wie die Tablettboxerin hieß: »Wart nachher auf mich.« Es war der Ostersamstag 1973, Mitternacht.

Acht Stunden später saßen wir beide bei einem opulenten Osterfrühstück am Starnberger See, nach einer durchwachten Nacht, in der Gewißheit, etwas erlebt zu haben, das sich in seiner Intensität und Eindrücklichkeit nie mehr wiederholen würde. Wir hatten sofort Kontakt mit Rudolf Steiner bekommen. Was mich betraf, so war ich unter anderem im Besitz klarster Anweisungen, was ich zu lesen hätte, zum Teil mit Verlags- und Erscheinungsdaten. Außerdem hatte ich einen Hinweis bekommen, daß mir in drei Monaten ein Engagement in Stuttgart bevorstünde, und zwar mit meiner Gruppe, den Tide-Turners. Dort sei auch jemand, der Gesang nach anthroposophischen Richtlinien unterrichten würde.

Am Abend war ich mutig genug, die Neuigkeit meinen Kollegen zu verkünden. Ich wurde mit mitleidigem Lächeln gestoppt, da jeder wußte, daß die Auflösung der Gruppe in nunmehr eineinhalb Monaten offiziell bekanntgegeben werden würde und aus diesem Grund auch keine Verträge mehr angenommen worden waren.

Zwei Abende später stürzte unser Agent ins Lokal und sagte, er hätte ein Superangebot mit Supergagen in einem Superladen in Stuttgart, und wir wären alle bescheuert, wenn wir dieses Superding nicht annehmen würden. Wir waren alle wie vor den Kopf geschlagen. Ich, weil mich die Schnelligkeit des Eintreffens der Voraussage beeindruckte. Die anderen, weil das, was ich vorhergesagt hatte, überhaupt eingetroffen war.

Eineinhalb Monate später zogen wir nach Stuttgart, und da geschah etwas Seltsames mit mir. Ich wollte sehen, wie »die« es anstellen wollten, mich ins Programm zu bringen, wenn ich nicht mitmachte. Ich ging also nur zu den Proben und zum Auftritt aus dem Haus und danach sofort wieder heim. Das ging vierzehn Tage so. Es geschah absolut nichts. Am fünfzehnten Tag wurde unser zweites Mädchen krank und bat mich, für sie ein paar Sachen einzukaufen. Ich machte mich also auf den Weg, und zwar in Richtung Bahnhof, wo sich erfahrungsgemäß in jeder Stadt gerne Kaufhäuser ansiedeln. So war es auch in Stuttgart. Ich ging schnurstracks in die Kosmetikabteilung, wo sich die meisten der Artikel befanden, die ich besorgen sollte, und fing an, auszusuchen.

Um die Eigenartigkeit des Folgenden voll zu begreifen, muß man wissen, daß ich von meinem Naturell her nicht im geringsten dazu neige, wildfremde Leute anzusprechen oder sogar einzuladen.

Aber genau das passierte.

Sie lehnte an der Kasse, sichtlich zur Bedienung derselben, und war so unglaublich anzusehen, daß ich meinen Blick nicht abwenden konnte. Das Mädchen mochte zwanzig Jahre alt sein, von zierlichster Statur in etwa meiner Größe. In einem fast puppenhaft ebenmäßigen Gesicht mit alabasterfarbener Haut brannten riesige dunkle Augen. Ihre Haare waren dunkel und pagenkopfmäßig geschnitten, wobei der ganze Pony knallrot gefärbt (1973!) und wie eine Tolle frisiert war. Ich ging zu ihr hin, zahlte und hörte mich sagen: »Haben Sie Lust, mit mir nach Dienstschluß einen Kaffee zu trinken?« Sie nahm mit einer Selbstverständlichkeit an, die mich nicht minder erstaunte als meine eigene Aktion.

Bis heute weiß ich nicht, warum ich ihr so gut wie nichts von mir erzählt habe bei diesem Cafébesuch, nicht einmal, daß ich momentan in Stuttgart jeden Abend zu hören war. Nach einer etwa halbstündigen Unterhaltung verabschiedeten wir uns freundlich, aber ohne Austausch von Adressen voneinander.

Zwei Tage später saß sie im Publikum, über meine Funktion ebenso erstaunt wie ich über ihr Auftauchen. Diesmal redeten wir länger miteinander. Irgendwann erwähnte sie, daß sie einen Bruder habe, der Gesangslehrer sei, den ich unbedingt kennenlernen müsse.

Als ich das erste Mal in das kärgliche Unterrichtszimmer des Mannes kam, traf mich beinahe der Schlag (heute würde ich es als selbstverständlich hinnehmen): In dem Raum befand sich nichts als ein Klavier, zwei Stühle, ein Tisch und an der Wand ein überlebensgroßes Porträt von Rudolf Steiner. Es könnte eine optische Täuschung gewesen sein, doch damals schien mir, als würde er mir zuzwinkern.

In diesen wichtigen Stuttgarter Tagen versuchte ich zusammen mit Gabriele – wie das Rot-Pony hieß – Kontakt nach drüben zu bekommen, was auch gelang. Ich erhielt klare Angaben über eine demnächst beginnende Karriere als Solistin und in einer Gruppe, was mich zu ausführlichen Gegenerklärungen veranlaßte. Das sei absolut unüblich, sagte ich, entweder Solist oder Gruppe. Geduldig, aber entschieden wurde ich korrigiert, nein, es hätte schon alles seine Richtigkeit, und ich möchte doch bitte den Namen »Penny McLean« annehmen.

Penny hieß ich wegen meines übertriebenen Schlafbedürfnisses schon seit Jahren, aber

McLean war neu. Ich fragte: »Warum ausgerechnet McLean?« Das sei vor allen Dingen wegen der Japaner, wurde mir mitgeteilt, die wären für Namen ohne »R« dankbar.

Tatsächlich spielte drei Jahre später der japanische Schallplatten-Markt für unseren Verkauf eine nicht zu übersehende Rolle. Das wußte ich aber in Stuttgart noch nicht und lachte mich deshalb über diese Rücksichtnahme kaputt. Ich hatte bis dahin die abenteuerlichsten Künstlernamen gehabt. Keiner hatte jemals wirklich gefallen oder war mit Erfolg gekrönt worden.

Als wir eine neue Produktion starteten, sagte Michael versonnen: »Ich glaube, wir brauchen einen neuen Künstlernamen. Penny ist ja nicht schlecht, aber zu wenig!« Er akzeptierte McLean in Sekundenschnelle.

Es dauerte fünf Jahre, bis ich hinter das numerologische Geheimnis des Namens kam. Numerologie ist eine magische Zahlenlehre, die jeden Buchstaben mit einer Ziffer benennt und aus der daraus entstehenden Quersumme ihre Schlüsse zieht. Erst im Jahr 1978 schenkte mir Michael Kunze das goldschnittglänzende Buch »Numerologie« von Jules Silver – und legte damit den Grundstein für eine umfangreiche Sammlung von Büchern dieser Art.

In Stuttgart im Jahr 1973 hatte ich jedoch noch keine Ahnung von all diesen Zusammenhängen.

Mir gefiel der Name und damit basta. Ich war zu ungeduldig und auch zu oberflächlich, um die Mitteilungen, die ich durch das System erhielt, genau zu überdenken, die Warnungen, die ebenfalls ausgesprochen wurden, zu befolgen.

Es gelangen mir noch einige wenige Sitzungen, bei denen sich zwar nicht Rudolf Steiner meldete, jedoch brauchbare, aber im großen und ganzen unbedeutende Aussagen kamen. Die Qualitätsunterschiede zwischen Steiner-Mitteilungen und anderen Durchsagen waren phänomenal und schon im ersten Satz sofort erkennbar. Allein seine Art zu begrüßen war durchaus signifikant. Er ging mit der zur Verfügung stehenden Energie äußerst sparsam um, vermied alle unwichtigen Floskeln und hielt seine Mitteilungen in einer knappen Sprache, deren Grundelemente ich später in seinen Büchern wiedererkannte.

Ich will aus persönlichen Gründen die Protokolle dieser Gespräche nicht herausgeben. Eine Mitteilung, die man ruhig als Belehrung bezeichnen kann, gebe ich jedoch weiter, weil sie von allgemeiner Wichtigkeit ist.

Dr. Steiner erklärte mir bereits am Anfang unserer etwa sieben Gespräche, daß ich Angehörige einer Gruppe sei, die aus 318 Mitgliedern bestünde und deren Schutzherr er sei. Von diesen 318 Mitgliedern seien im Moment etwa 112 auf der Erde inkarniert, nur wenige würden sich untereinander bewußt als Gruppenmitglieder erkennen. Grundsätzlich aber verbinde uns eine sich auf viele Bereiche erstreckende Gemeinsamkeit. Diejenigen jedoch, die um die Zusammenhänge wüßten, hätten die Pflicht, die Gruppe zu sammeln. Es stünde eine schwere Zeit bevor, und wir hätten nur eine Chance, wenn wir zusammenhielten. Ich fragte, wann diese schwere Zeit beginnen würde, und das »bald«, das ich als Antwort bekam, vermittelte bereits einen Eindruck von der Unfähigkeit der Jenseitigen, mit unseren Zeitbegriffen umzugehen. Ich fragte, ob es auch andere Gruppen gebe, was Dr. Steiner bejahte. Die ganze Menschheit sei in Gruppen eingeteilt, die ihrem Schicksal, ihrer Bestimmung entsprechend sich brüderlich oder feindlich gegenüberstünden.

Für ganz wichtig halte ich auch seine Erklärung, daß das Wort »Gruppe« unzulänglich sei, in unserem Sprachgebrauch jedoch keine ähnlich aussagekräftige Bezeichnung aufzutreiben sei. Ich fragte ihn, ob er drüben auch sprechen würde. »Ja«, sagte er, »aber anders als ihr, mit Energie-Impulsen.« Ich fragte noch vieles. Manche Antworten schienen mir verschleiert und unverständlich, andere wieder zu einfach. Trotzdem lernte ich unter dieser Anleitung ungeheuer viel.

Dr. Steiner interessierte sich nicht im mindesten für Fragen, die den Privatbereich betrafen. Wenn er mit mir sprach, ging es – bis auf den vorher erzählten Hinweis auf Karriere und Namen – nur um die geistige Fortbildung und – um Pflicht. Ein Wort, das immer wieder vorkam.

»Du wirst in die ganze Welt geschickt werden«, sagte er einmal. »Glaube nie, daß es nur zu deinem Vergnügen ist. Genieße es, schau dich um, freu dich an allem Schönen, aber vergiß nie deine Pflicht.«

»Was meinen Sie mit ›meine Pflicht‹?« fragte ich.

»Du sollst lernen, reifen und beitragen, die Gruppe zu sammeln«, sagte er.

Dann war er für Monate wieder unansprechbar.

Die Gespräche, die ich auf diesem Weg mit anderen Schutzgeistern hatte, schienen mir vergleichsweise unwichtig, obwohl ich für manche Information dankbar war. Unabhängig von diesen Geschehnissen wurde das Hellhören im Laufe der Zeit immer klarer.

Noch einmal traf ich meine alte Lehrerin Mira.

»Sei vorsichtig«, sagte sie zu mir mit zittriger Krankenstimme. »Dein Kanal ist jetzt für alles offen, du mußt dich auch schützen!«

»Gegen wen?« fragte ich.

»Du hast einen mächtigen Schutzherrn«, sagte

Mira, »der dich vor vielem bewahrt, aber du wirst ihn nicht mehr lange haben.« Sie drückte mir ihre kostbaren alten Karten in die Hand. »Da, mein Kind«, sagte sie, »mach du weiter!«

Vierzehn Tage später war sie tot.

Ich hatte in Jugoslawien zu arbeiten. Es war der Sommer 1974. Ich sang in einem riesigen Touristen-Club in Poreĉ. Nicht gern. Ich mochte das Land nicht. Zweimal wurde ich auf dem Weg vom Club nach Hause überfallen, und zweimal erlebte ich das Wunder, daß ich mit körperlich wesentlich stärkeren Männern fast spielend fertig wurde. Auch bestohlen wurden wir Musiker unentwegt; Geld, Kleidungsstücke, Schmuck, alles mögliche verschwand auf Nimmerwiedersehen.

Eines Abends kassierte ich als Finanzverwalterin die Wochengage für alle fünf Kollegen – ca. 1800 DM –, verstaute das Geld in meiner Tasche und legte auch noch mein kostbares Mikrofon, das ich immer bei mir trug, neben den Umschlag mit den Scheinen. Ich stellte den Lederbeutel auf einen Sessel im Club und drehte mich fünf Sekunden um, weil ich etwas zu trinken bestellen wollte. Fünf Sekunden zu lang! Die Tasche war weg. Ich schrie so, daß das ganze Lokal zusammenlief. Ich brüllte meine Wut über die Zustände in diesem Land ohne Rücksicht auf Verluste aus mir heraus. Es half nichts. Die Tasche blieb verschwunden. Ich war restlos verzweifelt. Ohne mein Mikrofon konnte ich nicht arbeiten. Ersatz gab es am Balkan nicht. Und 1800 DM waren eine gigantische Summe. Und wie sollte ich zu einem neuen Paß kommen? Ich war so verzweifelt, daß ich meine ganzen »Möglichkeiten« vergaß.

Ein paar Stunden später zu Hause in meinem Zimmer war mein Gehirn klarer, und ich versuchte, über Kopf meine Leute zu kontakten.

Eine meiner vertrauten Stimmen rührte sich. »Mach dir keine Sorgen«, hörte ich, »wir helfen dir.«

»Kann ich was tun?« fragte ich.

»Ja«, sagte die Stimme, »konzentriere dich auf die Tasche, stelle sie dir, so oft du kannst, bildlich vor.«

Um eine lange Geschichte kurz zu machen: Am nächsten Abend – noch vor der Vorstellung um 22.00 Uhr – kam der Chef des Clubs in seinem Mercedes angeritten und brachte mich blitzartig zur Polizei. Dort stand auf einem Schreibtisch die Tasche mit allem, was darin gewesen war, und 200 DM mehr. Ein Brief lag dabei: »Ich habe die Tasche nicht behalten können, sie gehört Ihnen. Verzeihen Sie mir den Schreck.«

»Was hast du nur gemacht?« fragte der Club-Chef auf der Fahrt zurück in den Club immer wieder. »Sag es mir! Wie und was hast du nur gemacht?« Ich erzählte es ihm. Er schaute mich an wie einen Geist. »Du bist eine Hexe«, sagte er und beeilte sich, mich auszuladen.

Ein paar Abende später passierte eine ähnlich seltsame Geschichte. Wir hatten auf einer Freilichtbühne ohne Dach zu spielen. Der Himmel war an diesem Abend dunkel bezogen, und es ging ein so starker Wind, daß einer unserer Lautsprecher umkippte. Der Club-Chef schlenderte angelegentlich vorbei.

»Es wird gleich regnen«, redete ich ihn an, »lassen Sie uns bitte abbauen!«

Er sah mich böse an. »Ich kenne unser Wetter besser als du, es wird nicht regnen. Schön spielen, wie es im Vertrag steht, erst bei Regen darf abgebaut werden!«

In meinem Kopf lachte jemand leise. »Sag, daß du Regen machen wirst«, sagte es.

»Das trau ich mich nicht«, dachte ich zurück.

»Schnell«, flüsterte es.

»Gut«, hörte ich mich sagen, »wenn Sie uns nur bei Regen abbauen lassen, dann werde ich jetzt Regen machen.«

»Ha«, schrie der Club-Chef, »solch ein Blödsinn. Jede Wette, heute kein Regen!«

»Eins«, sagte es in meinem Kopf.

»Eins«, sagte ich folgsam und streckte in dramaturgischer Perfektion beide Hände gegen den Himmel.

»Ha, ha, seht Medizinfrau!« machte der Club-Chef.

Meine Musiker standen wie die Mäuschen.

»Zwei«, lachte es im Kopf.

»Zwei«, rief ich und reckte das Gesicht himmelwärts.

Pflatsch machte es rechts von mir, und ein riesiger Tropfen saugte sich in den warmen Asphaltboden, und nochmals pflatsch.

»Drei«, rief ich gleichzeitig mit meinem Mitarbeiter.

Als hätte jemand einen Schlauch aufgedreht, brach ein Regen los, wie ich ihn noch nie erlebt hatte.

Wir räumten ab wie die Henker und trafen uns dann klatschnaß im Kaminzimmer des Clubs.

Der Chef stand am Feuer und sah mich an mit zu Schlitzen gewordenen Augen. »Hab ich gewußt von erste Tag«, sagte er, »bist du Hexe.«

Ich ergriff die günstige Gelegenheit. »Nun gut, nun wissen Sie's«, sagte ich, »und sagen Sie's allen, daß ich es verwenden werde, wenn noch einmal was passiert!«

Es passierte nichts mehr. Es wurde nichts mehr gestohlen, ich wurde nicht mehr überfallen, wir bekamen unser Geld pünktlich. Nur – ich wurde gemieden. Einmal sah ich, daß einer das Kreuz und sich in die Büsche schlug, als er mir begegnete.

Auf die Geschichte war ich nur so lange stolz, bis ich in Ruhe mit meinem Schutzgeist Sprechkontakt fand.

»Toll hast du das gemacht«, lobte ich ihn.

»Ich hab' gar nichts gemacht«, sagte er, »es hätte so und so geregnet, aber für dich war die Situation so günstig, daß ich sie ausnützen wollte.«

Ich erzähle hier wohlweislich nur Geschichten, bei denen mehrere andere, zumeist unbeteiligte Leute dabeigewesen sind.

Es verging ein relativ unproduktives Jahr, in dem ich eine eigene Band gründete, die ihrem Namen »Penny Box« alle Ehre machte. Sie war eine Sparkasse ohne Boden. Nach diesem Jahr kehrte ich mit 243 DM und einem Wiener Freund in mein Münchner Domizil zurück.

Er wollte noch am selben Tag nach Hause weiterfahren, und ich sollte mitkommen. Er packte noch ein paar Sachen in seinen Koffer, unter anderem ein Paar unsäglich scheußliche, fleddrige Pantoffeln. Und wieder passierte etwas, was meist vor lebenswichtigen Situationen passierte. Ich handelte atypisch. Normalerweise liebe ich scheußliche, fleddrige Pantoffeln und trage sie – zum Entsetzen aller – bis zur vollständigen Atomisierung. Aber da, an diesem Tag, in dieser Minute, ergriff mich beim Anblick der harmlosen

Dinger ein so namenloser Widerwillen, gepaart mit einer ebensolchen Aggression gegen seinen Besitzer, daß dieser Moment mir noch heute als völlig wesensfremd im Gedächtnis ist. Ich schrie den armen Wiener an, daß er, wenn er diese stinkenden Latschen nicht sofort in den Abfalleimer schmeißen würde, allein nach Wien fahren könne.

Wahrscheinlich fragen Sie sich langsam, warum ich die Pantoffel-Story in einem Buch über Schutzgeister erzähle? Nur Geduld! Also, der Wiener erboste sich ob meines ungebührlichen Tones, klatschte demonstrativ den Kofferdeckel über das Streitobjekt und verließ hocherhobenen Hauptes meine Wohnung, indem er einige in der Ostmark gebräuchliche Bezeichnungen für sich ungehörig betragende Weibspersonen ausstieß.

Kaum war er draußen, tat es mir leid. Ich liebte Wien, und den Wiener mochte ich auch nicht ungern. Ich kämpfte mit mir. Kein Trost vom Schutzgeist. Funkstille! In diese Stille hinein läutete das Telefon.

Der Kunze: »Gott sei Dank, daß du da bist. Komm ganz schnell ins Studio, ich hab' da eine Nummer.«

»Gleich?«

»Gleich!«

»Okay!« Ich legte auf.

Die Wohnungstür öffnete sich im Zeitlupentempo, der Wiener kroch herein, die »Luxus-Schühchen« auf der Hand balancierend: ». . . doch lieber dich als die Pantoffeln.« Bedauern . . . zu spät. Tränenreicher Abschied.

Man hätte die Pantoffeln vergolden sollen, in einem Schrein aufbewahren, als Reliquie ehren – die Nummer, die ich an diesem Nachmittag sang, war »Lady Bump«. Und als wir fertig waren, hob mich Kunze mit beiden Armen hoch (hat er danach nie wieder getan) und schrie (oder was bei Kunze Schreien ist: ein halblautes Murmeln): »Du bist ein Star ab heute, Penny. Das ist ein Hit.«

»Ja, ja«, sagte ich.

Die Voraussagen trafen ein. Eine nach der anderen. Solist – Gruppe – Nummer eins – Deutschland – Nummer eins – Amerika – Spanien – Japan – Kanada – Skandinavien – Traum – Wirklichkeit. Die Ereignisse deckten mich zu oder ein, wie man will. Es geschah viel.

Im Sommer 1976 gelingt mir nach langer Zeit ein letztes Gespräch mit Steiner: »Leb wohl, wir sehen uns wieder.«

»Wohin gehen Sie?«

»Ich werde wiedergeboren.«

»Wo?«

»In Frankreich.«

»Wann?«

»Bald.«

»Wer schützt mich jetzt?«

»Dieselben wie immer.«

»Aber wer ist der neue Schutzherr?«

Keine Antwort.

»Leb wohl.«

Plötzlich habe ich Angst.

»Hab keine Angst, du bist beschützt.«

»Ich will niemand anderen!«

»Wir werden uns treffen.«

»Wann?«

»Bald.«

Ich fange zu heulen an. »Ich kenne bald.«

»Es kann dir nichts geschehen, wenn du die Vorzeichen richtig deutest, die Zusammenhänge erkennst. Leb wohl, bis bald!«

Sechs Wochen später in einer Kleinstadt. Autogrammstunde. Die Menge erstickt mich fast.

Ein Mann beugt sich nah zu mir: »Steiner wird wiedergeboren, soll ich Ihnen sagen.«

Ich versuche, ihn in der Menge zu halten. Es ist unmöglich. Ich schreie: »Woher wissen Sie . . .?«

Gerade noch kann ich verstehen: »Von Steiner.«

Die Menge schiebt ihn immer weiter weg.

Ich brülle wie ein Stier. »Wann haben Sie ihn gesprochen?«

Er zeigt mit den Händen eine Sechs, der Mund signalisiert: Wochen. Also am selben Tag wahrscheinlich wie ich, vor sechs Wochen.

Ich schreibe viele Autogramme.

Im Frühjahr 1977 fliegt die Gruppe »Silver Convention« – deren Mitglied ich bin – zu Auftritten nach Mexiko, Acapulco. Ich bin zum ersten Mal in Mexiko. Wir sitzen erschöpft im Flugzeug – wir drei Mädchen und unser Komponist Silvester Levay. Der Erfolg hat Kraft gekostet. In Acapulco holt uns ein Cadillac ab. Wir sinken in die Kissen.

Ganz laut sagt es in meinem Kopf: »Genieß es, es ist bald vorbei.«

Ich schaue Silvester an und sage: »Genieße es, es ist bald vorbei.«

Er schaut mich an und versteht kein Wort.

Wenig später verlasse ich die Gruppe. Es wird eine schwere Zeit kommen . . .

Heute muß ich sagen, wie gut, daß ich nicht ahnte, wie schwer. Vieles hatte man mir ja gesagt, und trotzdem, diese Hoffnung. Vieles hatte ich nicht geglaubt, doch alles kam wie angekündigt.

Manchmal verstand ich den Lehr- und Lerneffekt so gut wie gar nicht. Trotzdem vollzog sich ein Reifeprozeß, wenn auch unter martialischen Bedingungen, den ich im nachhinein als wohldurchdacht bezeichnen möchte.

In diesen schweren Jahren war auch der Kontakt zu meinen Jenseitigen erschwert. Heute weiß ich, daß Gefühle wie Existenzangst, Angst im allgemeinen, Eifersucht, Rache und vor allem das Gefühl, Widerstand leisten zu müssen, die

Schwingungen ungünstig beeinflussen, ja sogar ersticken. Trotzdem ereigneten sich in genau dieser Zeit einige geradezu unglaubliche Geschichten, die zeigen, wie machtvoll sich das Jenseits einmischt, wenn Hilfe und Schutz wirklich gebraucht werden.

Auf einem Flug von Berlin nach München kam ich zufällig (also durch Bestimmung) eine Reihe vor dem Schauspieler und Regisseur Maximilian Schell zu sitzen. Wir hatten uns länger nicht gesehen und freuten uns beide über das unerwartete Treffen. Auf diesem Flug erzählte er mir unter anderem, daß der Mann seiner Schwester Immy, der Schauspieler Walter Kohut, unerwartet gestorben sei. Die Trauer seiner Schwester sei grenzenlos, sagte er, und daß er mit ihr zusammen für einige Tage in ein Sanatorium am Chiemsee fahren werde, zur Erholung. Wir verabschiedeten uns am Flughafen in München, bis irgendwann einmal.

Über das Gespräch dachte ich nicht mehr nach, denn weder kannte ich die Schwester Immy, noch eigne ich mich als Witwentrösterin oder Klageweib.

Einige Tage später kam eine Freundin zu Besuch, die sich immer darüber beschwert hatte, daß ich »allen helfen würde, nur ihr nicht«. Das wollte ich nicht auf mir sitzen lassen, und so geriet ich in eine der folgenreichsten Sitzungen meines Lebens.

Nach anfänglicher Unruhe im Raum kam folgendes Gespräch zustande: »Hier ist Walter Kohut.«

»Wer sind Sie? Ich habe Sie nicht gerufen.«

»Ich bin der Mann von Immy Schell. Sie müssen sofort zu ihr fahren.«

»Warum?«

»Ihr Leben ist in Gefahr?«

»Und was habe ich damit zu tun?«

»Sie müssen ihr klarmachen, daß sie sich nichts antun darf.«

Obwohl ich die Ernsthaftigkeit seiner Aussage begriff, mußte ich lachen. »Wie stellen Sie sich das denn vor? Ich kann doch nicht zu einer wildfremden Frau fahren und sagen, ›es tut mir sehr leid, daß Ihr Mann gestorben ist, ich habe eben mit ihm gesprochen‹.«

»Doch.«

Ich wurde nervös. So etwas war mir im Leben noch nicht passiert. Ich hatte noch nie mit eben Verstorbenen zu tun gehabt, noch dazu mit einem, der eine direkte Forderung an mich richtete. Trotzdem tat ich, was er wollte.

Ich fuhr in das Sanatorium und traf eine vom Schmerz gezeichnete und unansprechbar wirkende Frau an. Als ich das Zimmer, in dem sie untergebracht war, betrat, hob sie kaum den

Kopf. Ihre Bewegungen erschienen mir zeitlupenhaft verlangsamt.

Ich nahm all meinen Mut zusammen und sagte: »Ich weiß, es klingt unglaublich, aber ich habe gestern mit Ihrem Mann gesprochen.«

Sie reagierte kaum. »Mein Mann ist tot«, erwiderte sie tonlos. »Niemand kann mehr mit ihm reden.«

Ich entschloß mich zum Frontalangriff.

»Er ist tief besorgt wegen Ihrer Absicht, nicht weiterleben zu wollen.«

Zum ersten Mal hob die Frau ihren Kopf, und ich konnte ihr Gesicht sehen.

Ich weiß, daß vieles, was ich hier erzähle, unwahrscheinlich klingt, doch es ist nichts als die erlebte Realität. Und diese Realität spielte sich mit einer solch luziden Intensität ab, daß ich mich noch heute an jede Minute so klar erinnere, als hätte sich alles erst gestern abgespielt.

Als ich dieses Gesicht zum ersten Mal direkt vor mir sah, mit diesen vom Schmerz verhangenen Augen und dem in Erschöpfung halb geöffneten Mund, da erinnerte ich mich. Dieses Gesicht kannte ich. Es war mir so vertraut wie mein eigenes. Ach, du warst in längst vergangenen Tagen meine Schwester oder meine Frau . . . Und ich beschloß, den Kampf aufzunehmen.

»Sie müssen weiterleben wollen«, sagte ich eindringlich.

Da brach es aus ihr heraus mit aller Energie und Kraft, die sich jetzt nur mehr auf dieses Eine konzentrierte: »Ich will nicht mehr leben!« Und sie begann so hemmungslos zu weinen, wie ich selten einen Menschen habe weinen sehen.

Ich wollte meine Hand ausstrecken, um sie zu streicheln, doch im gleichen Moment hört ich mental ein scharfes »Nicht trösten!«.

Immy faßte sich nach ein paar Minuten, stand mühsam auf und holte sich Taschentücher.

»Wer sagt mir denn, daß mein Bruder Sie nicht geschickt und Ihnen alles vorher erzählt hat«, murmelte sie schließlich mißtrauisch.

»Er hat mich weder geschickt noch informiert«, gab ich zurück. »Alles, was ich weiß, stammt von Ihrem Mann.«

Und ich erzählte ihr genauestens von diesem Gespräch.

»Können Sie auch jetzt mit meinem Mann in Kontakt treten?« unterbrach sie mich plötzlich.

Ich nickte.

Sie ballte die Hände zu Fäusten und sagte: »Was war der Lieblingsgegenstand meines Mannes in unserer Wiener Wohnung?«

»Ein Bild«, sagte ich, »ein Gemälde.«

Sie starrte mich an wie einen Geist und flüsterte: »Das können Sie nicht wissen.«

»Ich weiß es auch nicht«, gab ich ihr recht, »aber Ihr Mann hat es mir eben gesagt.«

Im selben Moment wurde mir klar, daß ich vorsichtig sein mußte, wollte ich nicht mein restliches Leben als mehr oder weniger gut funktionierendes Telefon ins Jenseits verbringen. Jedenfalls war das erste Eis gebrochen, und ich konnte ihr ein wenig über die Vorgänge des sogenannten Sterbens berichten. Ich blieb noch eine Stunde, dann schien Immy erschöpft und ruhebedürftig. Ich fuhr nach Hause.

Wenige Tage später läutete nachts das Telefon und eröffnete damit einen nie mehr endenden, sich durch schlechte wie durch gute Zeiten ziehenden Reigen.

»Penny«, sagte Immys immer leicht angerauhte Stimme, »ich habe mir überlegt, daß Sie vielleicht doch von dem Bild gewußt haben könnten, oder vielleicht war es auch Telepathie.«

»In Ordnung«, nahm ich den Fehdehandschuh an. »Was wollen Sie wissen?«

Ich hörte das Klicken eines Feuerzeugs und das tiefe Atemholen eines ersten Zuges an einer Zigarette.

»Was hat mein Mann immer zu mir gesagt, wenn wir nach Wien gefahren sind?«

Ich hörte nach innen. Nichts. »Ich ruf' Sie in einer halben Stunde an«, sagte ich und legte auf.

Kaum lag der Hörer auf der Gabel, hörte ich zwei Stimmen. Die eine war das unverkennbar wienerisch gefärbte Idiom Walter Kohuts, während ich in der anderen Stimme denselben Sprecher wiedererkannte, der ›nicht trösten‹ gerufen hatte. Die Unterhaltung hörte sich ungefähr so an:

W. K.: »Wenn sie jetzt genau das sagt, was Immy denkt, wird es wieder heißen, es war Telepathie.«

Zweiter Sprecher: »Wir müssen etwas finden, an das sie nicht denkt, was aber trotzdem den Sinn erfaßt.«

W. K.: »Wart mal, ich muß nachdenken. Das ist schwer.«

Zweiter Sprecher: »Nehmen wir doch ein einfaches Stichwort.«

W. K.: »Ja, das ist gut. Sie soll ›Flugzeug‹ sagen.«

Zweiter Sprecher: »Nein, ›zurückfliegen‹ ist besser.«

Kleine Pause.

W. K.: »Ja, er hat recht. Also ruf an und sag ›zurückfliegen‹.«

Ich wählte Immys Wiener Nummer. Sie nahm beim ersten Läuten ab.

»Zurückfliegen«, sagte ich.

Ich hörte das Krachen eines zu Boden fallenden Telefonhörers. Sekunden vergingen. Endlich ein schweres Atmen und Immys mühsam funktionierende Stimme.

»Du hast gewonnen, es stimmt.«

Der Verdacht der Telepathie fiel eindeutig weg. Denn Immy hatte sich auf folgende Sätze konzentriert: »Ich hasse diese Autofahrerei. Zurück kannst allein fahren.« *Das* war der Satz, den sie eigentlich hören wollte. Doch sie war regelrecht und klug überlistet worden. Walter Kohut hatte mit ›zurückfliegen‹ die Summa summarum der Diskussion zusammengefaßt und mich so über jeden Zweifel gestellt.

Ab sofort konnte man mit Immy arbeiten. Manchmal war die Arbeit der reinste Kampf, oft aber auch das reinste Vergnügen. Sie forderte alles, aber gab auch alles. Als das Blatt sich wendete und *meine* dunkle Zeit anbrach, zog sie mich mit derselben sturen Hartnäckigkeit durch die Gefahrenzone wie ich einst sie. Doch unsere gemeinsamen Erlebnisse beschränkten sich nicht nur auf Trauriges und Schmerzliches. Eines Tages waren wir mit zwei Autos auf dem Weg zu Freunden. Immy vornedran, ich hinterher. Mitten unter der Leuchtenberg-Brücke – einer riesigen Unterführung in München – blieb Immys BMW stehen. Kein Mucks mehr. Ich parkte hinter ihr und ging an ihr Fenster. Immy saß mit verkniffenem Mund hinter dem Steuer und versuchte zu starten. Ohne Erfolg. Gang rein, Gang raus, nichts.

Um die folgende Geschichte in ihrer Sensationalität zu begreifen, muß man wissen, daß ich technisch ein totaler Blindgänger bin. Null Ahnung. Ich weiß gerade noch, wo das Öl hineinkommt, aber auch da war schon mal eine Motorwäsche fällig, weil ich in meiner ständigen Geistesabwesenheit vergessen hatte, den Schraubverschluß hinterher wieder zu verschließen.

Also, ich stehe da und schaue der armen Immy zu, als ich plötzlich die bekannte Stimme sagen höre: »Mach mal die Motorhaube auf.«

»Immylein«, sagte ich sanft, »mach mal die Motorhaube auf.«

Immy streckte ihr Gesicht mit geschlossenen Augen gen Himmel und seufzte tief, als hätte ich ihr einen grausamen seelischen Schmerz zugefügt. Dann sah sie mich scharf an. »Penny«, skandierte sie mit drohendem Unteron. »Du magst ja eine gute Sängerin sein, und vielleicht bist du auch eine brauchbare Schriftstellerin, aber komm mir jetzt nicht und tu so, als ob du auch noch Automechaniker wärst.«

»Keine Sorge«, sagte ich, »mach die Motorhaube auf.«

Mit einem wütenden Ruck zog Immy an dem Griff, der den Deckel öffnete, und sah starr an mir vorbei auf die neben uns zäh dahinfließende Autoschlange.

Ich stemmte das Blech hoch, und dann war in meinem Kopf plötzlich ein anderes Hirn. Ich kannte jeden Kontakt, prüfte die Batterien, die

Ölleitung. Ich wußte genau jede Funktion. Schließlich geriet ich an die Lichtmaschine, fand in Sekunden den Fehler, den der Mechaniker am Nachmittag beim Einbau eines Blinkerlämpchens gemacht hatte, steckte Drähte um, schloß die Birne neu an, ohne auch nur einen Moment zu überlegen, was ich denn da eigentlich tat.

»Alles klar«, sagte ich oder wer auch immer. »Starte jetzt mal ganz normal.«

Das Auto sprang an wie Butter. Immy brachte den Mund nicht mehr zu.

Seit diesem Tag geht in der Schell-Familie die Mär um, daß ich außer den sattsam bekannten mehr oder weniger nebulösen Talenten auch noch der perfekte Automechaniker wäre. Ich habe sie – gefallsüchtig wie ich bin – in diesem Glauben gelassen. Aber man glaube nur nicht, daß dieses Wunder auch nur einmal funktioniert hätte, wenn mein Karren stehenblieb. Da mochte es dann schon bitte der ADAC sein, (die *gelben* Engel, haha).

Ich werde wirklich manchmal das Gefühl nicht los, daß ab und zu etwas demonstriert werden soll oder jemand Jenseitiger gerade einmal wieder Lust hat, dieses oder jenes zu tun.

Recht ähnlich, allerdings erst auf den zweiten Blick, ist eine Story, die ich mit meiner Freundin – der Kinderärztin Verena – erlebt habe. Es war nach einer langen und anstrengenden Sprechstunde am Freitag nachmittag. Es ging schon auf 20.00 Uhr zu, und wir beschlossen, irgendwo eine Kleinigkeit essen zu gehen. Wir zogen unsere Mäntel an, draußen goß es in Strömen. Verena fing an, in ihrer riesigen Arzttasche – Modell Büffeltod – nach dem Schlüsselbund zu suchen, der Auto-, Wohnungs- und Praxisschlüssel vereinte. Verena ist durchorganisiert bis ins Knochenmark und würde selbst bei absoluter Dunkelheit jeden Gegenstand ohne längere Überlegung finden.

Doch nicht so an diesem Abend. Ein drohendes Grollen erscholl bald aus ihrem tuchgeschmückten Hals, und intensive archäologische Grabungsgeräusche verrieten eine fieberhafte Suchaktion der Ordnungsgewohnten. Die Tasche wurde gekippt, alle Nebenfächer geleert, alle Reißverschlüsse, Knopflaschen oder ähnliches mit chirurgischer Genauigkeit durchforstet – nichts. Verenas Zornpegel stieg. Das war das letzte, was sie sich nach zehn Stunden Praxisarbeit erträumt hatte. Ich stand daneben und trug mit meiner erstarrten Hilflosigkeit nicht gerade zu ihrer Beruhigung bei.

Sie sah mich kampfeslustig an. »Du hast doch deine grandiosen Schutzgeister«, sagte sie plötzlich, während sie ihre Tasche in die Luft hob und schüttelte wie einen Hund, der seiner Stubenreinheitspflicht schon wieder mal nicht nachgekommen war. »Dann frag sie doch mal, wo die Schlüssel sind!«

Ich war betreten. Mein für Alltags-Klimbim zuständiger Schutzgeist unterstützt mich zwar durchaus bei Suchaktionen, aber eigentlich nie, wenn jemand anderer daran beteiligt ist.

Verena deutete meine Ratlosigkeit richtig. »Wenn man einmal was braucht«, stieß sie resigniert aus und griff sich ein Kopftuch, um sich durch den Regen bis zum Auto vorzuarbeiten, wo sie fündig zu werden hoffte.

Ich stand allein in der Praxis und starrte auf den »Büffel-Tod«. »Guten Abend«, sagte eine sanfte Stimme in meinem Kopf, »linke Außentasche ganz unten.«

Ich griff in den Büffel und versenkte meine Rechte in die linke Außentasche, in der wir schon dreimal gewühlt hatten. Nichts. »Da ist nichts«, sagte ich nun auch schon langsam gereizt.

»Doch, doch«, kam es ruhig zurück, »unter dem Boden durchgreifen, guten Abend.«

Müßig zu erzählen, daß die Außentasche – was keiner von uns bis jetzt bemerkt hatte – sich unter dem Boden bis zur anderen Seite durchzog und natürlich genau auch da die Schlüssel bewahrte.

Verena kam regentropfenschüttelnd, mit vor Erfolglosigkeit stierem Blick zurück und erstarrte beim Anblick der fröhlich in meinen Fingern klimpernden Schlüssel. »Sag mir bitte, wo . . .?« brachte sie heraus. Ich sagte es ihr.

Ab dieser Stunde hatten meine Schutzgeister eine unbefristete Aufenthaltsgenehmigung in der Praxis zu unser aller Freude. Die Dinge, die wir erlebten, fallen leider alle unter die ärztliche Schweigepflicht, und ich habe bei meinem Ausscheiden aus der Praxis versprochen, nie über die Vorfälle öffentlich zu berichten. Eigentlich schade, denn sie wären es wert gewesen.

Lange vor meiner Begegnung mit Immy und Verena hatte mir einer meiner Schutzgeister gesagt, daß ich ein Kind bekommen würde. Nichts wünschte ich mir sehnlicher als das. Aber da war ein Problem, das von vornherein, schon bevor ich den Vater des Kindes kennenlernte, ganz klar war: Ich würde letzten Endes allein sein. Und das zweite Problem war: Ich mußte arbeiten. Ich brauchte also jemanden, der mir half.

In einer langen Zwiesprache mit meinen »Leuten« kam ich auf dieses Thema zu sprechen. »Keine Angst«, hieß es, »wir schicken dir Hilfe.« Das Kind kam und kostete mich in den ersten sechs Monaten jedes Quentchen Kraft, das mir nach einer wirklich schrecklichen Geburt noch geblieben war. Ich hatte nie mehr als drei bis vier Stunden Schlaf. Eines Tages brach ich zusammen. Nicht nur, weil meine Kraft verbraucht war, sondern auch, weil die Enttäuschung über das Nichteintreffen der angekündigten Vorhersage mein bis dahin ungebrochenes Vertrauen in eine sorgsame Führung total erschüttert hatte.

Man brachte mich samt Kind ins Krankenhaus. Ich erholte mich ein wenig, aber trotzdem wollte meine Tochter weiterhin zweimal pro Nacht gefüttert werden. Eine Fütterung wurde immer so rund um drei Uhr gefordert, was dazu führte, daß ich meist schon ab halb drei wach war und auf die Hungerzeichen meiner Tochter lauerte. Eines Nachts wachte ich schon um zwei Uhr auf, und weil ich für die verbleibende halbe Stunde nicht mehr einschlafen wollte, beschloß ich, den Rest der Zeit mit einem Tee in der Schwesternküche zu verbringen.

In dem ungemütlichen Raum saß eine ältere Schwester mit einer Zeitung in der Hand und sah mich erstaunt an. Nachtstreuner waren hier sichtlich nicht gefragt. Ich erklärte ihr die Situation, trank Tee und ließ mich von ihrer gebremsten Freundlichkeit nicht beirren. Nach kurzer Zeit hörte ich meine Kleine quäken, griff das Fläschchen und war schon halb durch die Türe, als ich die Nachtschwester sagen hörte:

»Wenn Sie mal Hilfe brauchen, rufen Sie mich an!«

»Ja, gerne«, sagte ich höflich und dachte mir: »Die – nie!«

Ein paar Wochen später hatte ich einen dringenden Termin und konnte absolut niemanden finden, der mir meine Kleine für die paar Stunden hätte abnehmen können. »In der Not . . .«, dachte ich und rief die Nachtschwester in der Klinik an. Sie kam am nächsten Tag, fand das Kind viel zu dick, mich zu unausgeschlafen, die Blumen zu schlecht gegossen, die Fenster zu schlecht geputzt, den Kühlschrank zu leer und – blieb, wurde meine zweite Mutter, liebte das Kind so sehr, daß ich das Nachsehen hatte, und brachte mich – zwar mit Heulen und Zähneknirschen, aber doch lebend – über eine grausame Krisenzeit hinweg. Irgendwann erzählte ich ihr, daß ich von ihr gewußt, ihre Hilfe schon sehnsüchtig erwartet habe. Sie interessierte sich immer mehr für diese Dinge, und schließlich hatten wir so viel Vertrauen zueinander, daß ich ihr vom System erzählen konnte.

In den vier Jahren unserer Bekanntschaft, unseres Wiedertreffens, haben wir sechs Gespräche führen können, deren Inhalte lückenlos mitgeschrieben wurden. In diese Gespräche mischten sich natürlich auch *ihre* Schutzgeister ein, was insofern interessant war, als ich die Gespräche in Tschechisch leitete, wobei ich im Normalzustand in dieser Sprache nicht einmal bis drei zählen kann.

Aus Gründen, die eine Bloßstellung mehrerer Personen aus meiner Umgebung bedeuten würden, habe ich mich entschlossen, die Protokolle nicht abdrucken zu lassen. Einen Ausschnitt werde ich jedoch sinngemäß wiedergeben.

Eines Tages meldete sich einer unserer Sprecher zum ersten Mal mit Namen. Er nannte sich Lukas und erzählte, er sei früher Leibarzt eines Königs gewesen, gab genaue Daten und auch historische Einzelheiten an, die keinem von uns beiden bekannt waren. Ich besitze einen uralten Brockhaus. Nachdem wir unsere Sitzung beendet hatten, stürzten wir uns natürlich sofort auf den entsprechenden Potentaten und fanden die von dem sogenannten Lukas gemachten Angaben bis ins kleinste bestätigt. Meine »Ersatzmutter« konnte es nicht glauben. Seltsamerweise hatte sie trotz des Eintreffens der Voraussagen immer irgendwie am Funktionieren der Aktion gezweifelt. Doch diese Demonstration warf sie um. Ich selbst war weniger beeindruckt – ich hatte ähnliches ja schon mit Rudolf Steiner erlebt. Ab sofort wurde der arme Lukas von der ganzen Familie frequentiert, was er mit Fassung und Humor ertrug.

Ein Beispiel: Eines Tages rief mich meine Mutter aus Österreich an und jammerte, daß sie einen bestimmten Gegenstand nicht finden könne. Sie habe jetzt schon tagelang gesucht und sei völlig verzweifelt.

Ich sagte ihr, daß ich niemals Schwierigkeiten hätte, Dinge zu finden. »Wenn ich etwas vermisse«, berichtete ich ihr, »dann informiere ich meinen Schutzgeist, und innerhalb von fünf Minuten kommt der Hinweis.«

Meine Mutter lauschte fasziniert. »Meinst du, du könntest ihn mir mal kurz leihen«, fragte sie halb im Ernst, halb im Scherz.

»Aber klar doch«, versicherte ich ihr. »Erzähl ihm, was du suchst, und bitte ihn um schnelle Information.«

Fünf Minuten (!) später rief eine total aufgelöste Mutter an. »Du wirst es nicht glauben«, sagte sie ehrfürchtig, »ich habe deinem Lukas erklärt, was ich suche und daß ich es dringend brauche, und plötzlich . . .« Sie machte eine Pause, um zu wiederholen: »Plötzlich hatte ich das Gefühl, jemand zieht mich an eine bestimmte Schublade, in der ich schon hundertmal gesucht hatte, und mit einem Griff hatte ich das Ding.«

Seitdem wird Lukas auch in Österreich stark beschäftigt, wobei gesagt werden muß, daß »mein« Lukas sich natürlich nicht um Mutters verlorene Dinge gekümmert hat, sondern sie hat es bei dieser Gelegenheit zum ersten Mal bewußt geschafft, mit ihrem für Alltagsdinge zuständigen Helfergeist zu arbeiten. Daß er – obwohl er wahrscheinlich ganz anders heißt – bei dieser Gelegenheit mit Lukas tituliert wurde, hat ihn sichtlich wenig gestört.

Immer öfter kamen in meinem Kopf wie auch durchs System nun Hinweise, daß ich bald mein erstes Buch schreiben würde, was wieder einmal Anlaß zu herzlichem Gelächter gab, da meine Schreibfaulheit beinahe sprichwörtlich ist. Einen Geburtstagsbrief zu verfertigen ist für mich schon eine körperliche Qual, von einem Buch ganz zu schweigen. Ich wehrte mich standhaft.

Nun kommt die einzige Geschichte ohne Zeugen. Meine kleine Tochter war zwar dabei, aber noch nicht einmal eineinhalb Jahre alt. Ich werde also nie erfahren, ob sie dasselbe gesehen hat wie ich.

Es war ein trüber, kühler Mittwochnachmittag im späten Oktober 1985. Ich ging mit meiner kleinen Marie als einziger Besucher im riesigen Park des Schlosses Oberschleißheim spazieren. Der mit kleineren Bäumen bepflanzte, schnurgerade Alleeweg, auf dem wir gingen, war Hunderte von Metern lang und von Anfang bis Ende einsehbar. Marie war noch nicht so schnell auf den Beinen, außerdem mußte jeder Stein, jedes Blatt und jeder Käfer eingehend untersucht werden. Langsam wurde ich ungeduldig, drehte mich zu ihr um und rief sie mit Namen. Sie reagierte nicht. Ich wandte mich wieder in die Gehrichtung und sah im gleichen Moment zwei Leute – offensichtlich ein Ehepaar – auf mich zukommen.

Wichtig ist in dem Fall auch noch folgendes: Ich hatte eine Mütze auf, wegen meiner Lichtempfindlichkeit eine Sonnenbrille auf der Nase und einen Schal über den Mund gezogen.

Das Paar kam näher im schlendernden Spazierschritt und blieb freundlich lächelnd unmittelbar vor mir stehen.

Die Frau streckte die Hand aus, zeigte auf die fünf Meter entfernt mit einem Zweig spielende Marie und sagte: »Gar nicht so einfach mit den Kindern, gell?«

»Nein«, gab ich höflich zu, »aber das habe ich auch nicht erwartet.«

Die Frau sah mich sehr lieb an und sagte mit ruhiger Bestimmtheit: »Sie sind doch Penny McLean, nicht wahr?« Obwohl es eine Frage war, klang es nur wie eine Feststellung.

Ich war total überrascht. In meiner Vermummung hätte mich nicht einmal meine eigene Mutter erkannt. »Ich wundere mich wirklich, daß Sie mich erkannt haben«, faßte ich mich schließlich. »Sie gehören doch überhaupt nicht zu der Generation, aus der meine Fans kamen.«

Die Frau sah mir weiterhin unbeirrt ins vermummte Gesicht und sagte sehr freundlich, aber mit einem fast beschwörenden Unterton:

»Aber Frau McLean, wer kennt Sie denn nicht? *Wir* kennen Sie alle.«

»Aber ich habe doch schon so lange nichts mehr in der Öffentlichkeit gemacht«, versuchte ich einzuwenden.

Abermals dieser beschwörende Ton: »Aber Frau McLean, Sie sind doch in so vielen Zeitschriften und dauernd im Fernsehen, es kennt Sie doch jeder.«

Diesmal war mein Protest entschieden. »Aber nein«, widersprach ich, »das ist doch schon so lange Zeit her.«

Wieder war es die Frau, die antwortete. »Aber Frau McLean, was heißt denn schon ›lange her‹? Sie machen doch wichtige Dinge, was ist denn da schon Zeit?«

Ich verstand gar nichts mehr. Erst vor einigen Monaten hatte ich mich doch als Sprechstundenhilfe verdingt, weil ich an meinen Talenten buchstäblich verzweifelt war. Von was für wichtigen Dingen wurde hier also gesprochen?

»Alles Gute«, sagte die Frau, und der Mann nickte dazu. Dann drehten sie sich in die Richtung, aus der sie gekommen waren, und schlenderten in demselben gemächlichen Schritt, in dem ich sie hatte kommen sehen, davon.

Ich sah ihnen vielleicht fünf Sekunden nach, dann drehte ich mich zu Marie und rief sie. Sie kam sofort angerannt. Der Vorgang hatte nicht länger als höchstens fünfzehn Sekunden gedauert. Ich nahm das Kind bei der Hand und ging in dieselbe Richtung wie das Paar weiter. Nur – da war kein Paar mehr. Ich ließ das Kind einfach stehen und rannte den Weg hinauf und hinunter, Hunderte von Metern. Im ganzen Park befand sich kein Mensch.

Endlich begriff ich. *Das* mir! Ich, die ich immer getönt hatte: »Also ich werde Geistwesen sofort und immer erkennen!« Ich hatte gar nichts, aber auch nicht das Geringste gemerkt. Erst jetzt registrierte ich, daß beide viel zu leicht angezogen gewesen waren. Ich bekam einen Wutanfall über meine Dummheit. Immer wieder ging ich zu der Stelle, an der die beiden erschienen waren. Auch in späteren Tagen und Jahren. Sie sind mir nie wieder begegnet.

Aber zwei Monate später begann ich mein Buch »Adeline und die Vierte Dimension«. Ich schrieb es ohne Korrektur durch bis zur letzten Zeile, ohne Überlegung des dramatsichen Aufbaues, ohne Planung der Figuren. Manchmal tauchten Personen auf, bei denen ich mich fragte, was sie in der Geschichte zu suchen hatten, und manchmal wurde mir erst später ihre Funktion klar. Ich hatte auch keine Ahnung, wie die Geschichte enden würde. Trotzdem endet sie in einem sorgfältig konstruiert erscheinenden Finale. Nur – ich habe nichts konstruiert.

Als ein Drittel des Buches fertig war, suchte ich einen Verleger und fand ihn sofort. Diese Bestätigung spornte mich an. In unglaublich kurzer Zeit beendete ich den Roman im April 1987. Die Enttäuschung folgte auf dem Fuße. Der Verleger war zwar ob meiner Pünktlichkeit begeistert, aber er wollte nichts zahlen.

Rudolf Steiner hat mir unter anderen vielen wichtigen Sätzen auch diesen mitgegeben: »So wie man etwas anfängt, so beendet man es auch. Lerne die Zeichen des Anfangs richtig zu deuten, dann wirst du vom Ende nicht enttäuscht werden.«

Ich hatte anständige Arbeit abgeliefert und empfand es nun als mein gutes Recht, anständig bezahlt zu werden. Einen Verleger, der so tat, als würde er mir eine Gefälligkeit erweisen, den konnte ich mir schlichtweg nicht leisten. Ich trug also mein Buch wieder nach Hause und war deprimiert. Der Schutzgeist zeigte sich unerschütterlich fröhlich und versicherte mir mehrmals, daß ich im August einen Verleger haben würde.

Inzwischen war es Anfang Juli geworden und nichts war passiert.

Eines Morgens um zehn läutete das Telefon, und eine enge Freundin – eine bekannte Münchner Serienschauspielerin – überschlug sich fast stimmlich in der Leitung.

»Penny«, rief sie, »ich stehe gerade in der Küche, und da sagt plötzlich jemand ganz laut neben mir, daß du dein Buch in den ERD-Verlag geben sollst. Kennst du einen ERD-Verlag?«

»Nein«, sagte ich wahrheitsgemäß, »nie gehört.«

Meine Agentin wurde angerufen und befragt. Auch sie kannte keinen ERD-Verlag. Zum Glück gab's Branchenbücher.

Einen Monat später, im August, kaufte der ERD-Verlag das Buch an. »Lukas« hatte mal wieder recht gehabt und gewonnen. Und meine Freundin war begeistert, wie gut ihre Geistführer funktionierten.

Eines Tages erschien sie zu Besuch und erzählte mir eine der rührendsten Geschichten, die ich je gehört habe. Eine Zugehfrau, die von Esoterik so viel Ahnung hat wie wir alle von der Computerzentrale von Siemens, erwischte eines Tages ein herumliegendes Buch und erfuhr so von der Existenz der Schutzgeister. Vom gleichen Tag an bemühte sich die einfache Frau um Kontakt mit ihrem Geistführer, und sie bekam ihn gleich beim ersten Mal in einem steckengebliebenen Aufzug. Mit ganz klaren Anweisungen brachte er die Frau dazu, die Schaltknöpfe in einer völlig unüblichen Weise zu betätigen, was das defekte Gefährt unverzüglich wieder in Bewegung setzte.

Leider ist der O-Ton in tiefem Bayerisch und

daher schriftlich nicht wiederzugeben. Nur der letzte Satz sei hier aufgeschrieben: »Ja mei, dann hab' i halt zu meinem Schutzgeist gsagt, wennst mir schon so hülfst, dann sollst auch an Namen hab'n. Dann hab' ich ihn Willi 'tauft. Glaubens, des g'fallt ihm?«

»Aber sicher«, sagte meine Freundin.

Die Willi-Geschichten wären endlos fortzusetzen, aber es geht hier ja nicht um Unterhaltung durch Schutzgeister, sondern um die vielfältigen Möglichkeiten, sie zu finden, und um den Einfallsreichtum unserer engagierten Helfer.

Vor wenigen Tagen besuchte mich Carna Zacharias – Journalistin und Buchautorin –, und wir sprachen über unsere Arbeiten und natürlich über Schutzgeister. Carnas diesbezügliches Erlebnis übertrifft alles, was ich selbst erlebt habe.

Carna hat eine Jugend hinter sich, die durch eine lieblose Stiefmutter zeitweilig unerträglich gewesen war. Das Mißverhältnis eskalierte eines Tages in dem Ausruf der Stiefmutter: »Wenn du dich nur endlich umbringen würdest.« Carna war restlos verzweifelt und schließlich auch zum Äußersten entschlossen. Sie ging in die Wohnung ihres Vaters und holte sich ein Rasiermesser, in der festen Absicht, ihrem Leben ein Ende zu machen. Sie setzte die Klinge eben an ihrer Pulsader an, als es an der Wohnungstür läutete. Carna versteckte das Messer und öffnete.

Vor ihr stand ein großer, massig wirkender Mann in Handwerker-Kleidung, der einen Zollstab und einen Block in der Hand hielt. »Guten Tag«, brummte er, »hier bin ich.«

Carna konnte mit dieser Erklärung wenig anfangen. »Was wollen Sie denn hier?« fragte sie verwirrt.

»Ich soll die Wohnung ausmessen, wegen der neuen Einbaumöbel, die Ihr Vater bei uns bestellt hat«, erklärte der Mann und schob sich zur Türe herein.

Mit geradezu penibler Genauigkeit begann er nun, die ganze Wohnung, Zentimeter für Zentimeter, zu vermessen. Kein Türrahmen, kein Eckchen wurde ausgelassen. Die ganze Prozedur dauerte etwa eine Stunde, dann verschwand er ebenso wortkarg, wie er sich während der ganzen Zeit gezeigt hatte.

In dieser einen Stunde hatte sich Carnas Entschlossenheit, sich das Leben zu nehmen, so verbraucht, daß sie nicht mehr den Mut und die Kraft fand, das Rasiermesser noch einmal in die Hand zu nehmen. Gegen Abend erschien der Vater. Carna fragte ihn, was das denn für neue Möbel seien, die er sich da bestellt habe. Zuerst verstand er überhaupt nicht, was sie meinte. Auch über den Vermesser war er mehr als erstaunt. Weder hatte er einen Handwerker bestellt noch irgendwo Einbaumöbel in Auftrag gegeben. Da verstand Carna. Hier war es jemandem nicht um Möbel gegangen, sondern um ihr Leben.

Ich habe mir über diese Geschichte viele Gedanken gemacht, denn es gibt zwei Möglichkeiten, den Vorgang zu erklären.

Erstens: Es wurde tatsächlich ein ganz normaler Handwerker mental benutzt, was dann so vor sich gegangen wäre, daß der arme Mann wahrscheinlich schon nach kürzester Zeit sich nicht mehr hätte erklären können, wie er die Hausnummern derart verwechseln konnte.

Oder zweitens: Es hat sich einer ihrer Schutzgeister materialisiert, das heißt, sich durch Energieverdichtung kurzfristig das Aussehen eines Handwerkers zugelegt.

Es wird von verschiedenen Institutionen wahrscheinlich nicht gerne gehört werden, aber in Lourdes und Fatima wurde mit ähnlichen »Tricks« gearbeitet. Um zu helfen, muß mit Bildern gearbeitet werden, die eine entsprechende Wirkung erzielen. Daß dabei Informationen vermittelt werden, die durchaus ihre Gültigkeit haben, ist beweisbar.

Kein Mensch hätte damals in Spanien und Frankreich auch nur einen Finger gerührt, wäre den Kindern eine ganz normale Frau erschienen. Sie mußte sich also in einer Form zeigen, die den Kindern vertraut und von ihnen identifizierbar war. Die Gestalt, in der sie erschien, konnte schon damals in jedem katholischen Haushalt in mehr oder weniger kostbaren Bilderrahmen besichtigt werden: eine hübsche Dame in langem Kleid mit Schleier und dem Jesuskind auf dem Arm.

Wie konzentriert in allen diesen Fällen mit Energie gearbeitet wurde, zeigen auch das berühmte Rosenwunder, die sensationelle Sonnendemonstration von Fatima und auch die Entstehung der Quelle von Lourdes. Eine weniger angenehme Begleiterscheinung der verwendeten Hyper-Energie war, daß sie von den ihr länger ausgesetzten Personen sehr schlecht vertragen wurde. Sie starben in kurzem Abstand oder wurden schwer krank.

Dieser Preis wäre angemessen gewesen, hätte die Kirche der Botschaft die Würdigung angedeihen lassen, die sie verdient hätte. Doch leider hatte sich die hilfreiche, einer hohen Entität entstammende Geistform insofern verkalkuliert, als sie die Politik des Vatikans nicht ganz richtig einschätzte. Kritik oder Mißbilligung war und ist diese Institution nicht gewohnt, noch ist sie gewillt, sie zu akzeptieren. Nicht einmal dann, wenn diese aus einer sichtlich höheren Dimension erschallt.

Bis heute weiß man nur, daß der Papst erbleichte, als er die Botschaft las. Was jedoch dem hohen Herrn das Blut aus den Wangen trieb, weiß man bis zur Stunde nur aus bruchstückhaften Kolportagen. Doch der Einfallsreichtum der im Kosmos – in welcher Form auch immer – angesiedelten Geistenergien läßt mich durchaus hoffen. Nicht unberechtigt, wie nicht nur Carnas Geschichte zeigt.

Bevor ich die Zusammenhänge zwischen kosmischen Energien und Schutzgeistern im zweiten Teil des Buches zu erklären versuche, möchte ich noch von einer Begebenheit berichten, die sich in meinem eigenen Haushalt ereignet hat.

Eines schönen Abends im April des Jahres 1988 kam der Chef einer großen Münchner Presseagentur in meine Wohnung, um für eine Frauenzeitschrift Fotos zu machen. Ich zeigte ihm das gesamte Domizil, und als gründlicher Mensch wollte der Fotograf auch das Besenkammerl begutachten. Da ich auch an diesem unattraktiven Ort wirklich nichts zu verbergen habe, ließ ich ihn ohne Bedenken hinein und schaltete das Licht an, damit er auch meine Besen wirklich gut besichtigen konnte.

Plötzlich gab der Pressemann erstaunte Töne von sich und näherte sich ehrfürchtig einem in der Ecke des Raumes stehenden Bauernschrank, in dem ich meine Putzmittel aufzubewahren pflege.

»Oh«, sagte er beeindruckt, »ein ›Tiroler‹ aus dem 18. Jahrhundert. Warum steht der denn da herinnen?«

»Weil draußen kein Platz ist«, sagte ich ungerührt und schob ihn mit sanfter Gewalt aus der drangvollen Enge hinaus auf den Gang.

Dann arbeiteten wir fleißig drei Stunden lang und verabschiedeten uns danach mit den üblichen Bezeigungen vergangener, gegenwärtiger und vor allem künftiger Wertschätzung.

Es vergingen mehrere Wochen(!). Mein Auto mußte zum TÜV, sprich zuerst einmal in die Werkstatt. Der Kostenvoranschlag für das amtsübliche Frisieren meiner Rostlaube war gewaltig. Ich hatte die Wahl: entweder Auto in die Mülltonne oder Geld auf den Tisch. Leider waren nur der Tisch und die Mülltonne vorhanden. Und ohne Auto bin ich in meiner Triple-Funktion als Familienoberhaupt, Sängerin und Schriftstellerin schlichtweg aufgeschmissen.

Ich berief eine Krisensitzung in der Nacht um elf Uhr ein, mit meinen Schutzgeistern. Ich zweifle keinen Moment daran, daß jeder sogenannte normale Mensch, der bei diesem Auftritt dabeigewesen wäre, an meiner geistigen Gesundheit gezweifelt hätte, und trotzdem kann ich mein Krisenrezept jedem nur allerwärmstens empfehlen.

Um es kurz zu sagen, ich schrie meine Schutzgeister an. Ich sagte, daß ich durchaus Verständnis für ihr Desinteresse am schnöden, weltlichen Mammon hätte, aber daß mich diese Ignoranz momentan mein Auto und meine letzten Nerven kosten würde. Ich bräuchte bis morgen mittag dreizehn Uhr 4000 DM und keinen Pfennig weniger, und das sei – bei aller Beachtung des mangelnden Zeitgefühls meiner Zuhörer – in vierzehn Stunden. Ich ließ noch einige zu diesem Thema passenden Beschwerden nahtlos einfließen und beendete die Versammlung mit einer Lichtevokation. Selten hatte ich auf der Gegenseite eine so tiefe Stille vernommen wie zu jener späten Stunde.

Am nächsten Vormittag um elf(!) läutete das Telefon. Der vorher genannte Chef der Agentur meldete sich und sprach erst über das Wetter, mein Befinden (danke, bestens), sein Befinden (ebenfalls bestens), die Lage der Nation im allgemeinen (weniger bestens), und dann kam es:

Er müsse seit jenem Tag im April immer wieder an meinen schönen armen Bauernschrank denken, der in meinem Besenkammerl ein seinem alten Bauernadel völlig unangemessenes Dasein fristen müsse. Ein Hauch von Ahnung durchzog mein angestrengt lauschendes Hirn.

»Willst du ihn haben?« fragte ich. Ein tiefer Seufzer erklang vom anderen Ende der Leitung.

»Was soll er denn kosten?«

Ich will es von ihm hören, dachte ich, aus seinem eigenen Munde. Und so antwortete ich mit einer Gegenfrage. »Also sag schon, was zahlst du freiwillig?«

Ich hatte mit Feilschen gerechnet, mit einem Vortrag über die schlechten Zeiten, das bevorstehende Sommerloch und das Ansteigen der Benzinpreise. Doch nichts von alledem!

Die Antwort kam wie aus der Pistole geschossen: »Ich geb' dir 4000 DM.«

Ich bekam einen Lachanfall. Der Gute mißverstand meine Fröhlichkeit und versicherte mir, daß er natürlich wisse, daß das Prachtstück viel wertvoller sei, aber die schlechten Zeiten, das bevorstehende Sommerloch und auch das Ansteigen der Benzinpreise würden sein Angebot auf keinen Fall über den genannten Preis steigen lassen.

Ich sicherte ihm Verständnis und Transportmöglichkeiten zu, und am selben Abend war er glücklicher Besitzer eines Tiroler Bauernschrankes und ich eines Schecks über 4000 DM.

Es war das einzige Mal, daß ich meine Jenseitigen mit finanziellen Problemen direkt konfrontiert habe, und ich bin sicher, daß es das letzte Mal war. »Man« hat begriffen.

Mit dieser Geschichte möchte ich meinen selbsterlebten Beitrag beenden, jedoch nicht ohne ein vielleicht (bestimmt!) auftauchendes

Diskussionsthema von vornherein auszuklammern. Telepathie. Dieses Phänomen spielt sich anders ab, und jeder von uns hat es schon erlebt. Dieses »auf gleicher Wellenlänge sein« mit jemandem, das Einklinken in die Gedankenenergie eines anderen, ist eine ganz normale, ausbaufähige, trainierbare Fähigkeit der rechten Gehirnhälfte eines jeden Menschen.

Aber der Vorgang ist natürlich umkehrbar. Wir sind sowohl Sender als auch Empfänger. Soweit wird das, was ich sage, auch von der Wissenschaft akzeptiert. Weniger Gedanken hat man sich über die Schutzbedürftigkeit unseres empfindlichsten Organs – des Gehirns – gemacht.

Ich will zu diesem Thema nur einen ganz kurzen Beitrag geben. Wir alle wissen, was eine Gehirnwäsche ist. Die klarste Definition ist gewalttätige Mentaleinwirkung unter Verwendung audio-visueller, psycho-terroristischer Suggestionspraktiken. So weit, so gut. Aber – das funktioniert alles auch ohne Audio-Vision.

Vor vielen Jahren habe ich das dem Moderator Rainer Holbe von RTL in unangenehmer Weise demonstriert. Rainer Holbe ist ein exzellenter, ausgesprochen konzentrierter und disziplinierter Sprecher, den nichts aus der Ruhe, sprich aus seinem Vortrag bringen kann. Normalerweise.

Ich kam zum Interview zu Radio Luxemburg und zum ersten Mal zu Rainer Holbe. Wir hatten ziemlich schnell herausgefunden, daß wir beide uns für Themen esoterischer Art interessierten. Und so ließ er sich auf ein Experiment ein.

Ich kündigte ihm an, daß ich ihm während seiner nächsten Drei-Minuten-Ansage so massive Gegenimpulse infiltrieren würde, daß er sich seines Sprecherlebens nicht mehr werde freuen können. Rainer – der mich damals noch nicht kannte und auch mit der ganzen Thematik nicht so vertraut war wie heute – lachte mich aus und begann ungerührt seine Ansage.

Um es vorwegzunehmen: Ich habe das nie wieder gemacht und damals auch nur in der einzigen Art, die es in dieser aggressiven Form unter verantwortungsvoll miteinander umgehenden Menschen erlaubt – mit vorheriger Ansage. Rainer versprach sich wie ein Anfäger, verlor den Faden sowie die Satzformulierungsfähigkeit, und nur seine unglaubliche Routine rettete ihn vor dem totalen Untergang.

Wir haben später oft über dieses Experiment gelacht. Nur – es ist nicht zum Lachen. Es ist der Beweis dafür, daß wir unbedingt lernen müssen, mit unserem Gehirn richtig umzugehen, was auch für den Umgang mit Geistenergien – sprich Geistwesen – bewußter wie unbewußter Art ungeheuer wichtig ist.

Kein Mensch würde seinen Körper einem Kugelhagel, extremer Kälte oder Hitze, schädlichen chemischen Einflüssen usw. ungeschützt aussetzen. Unserem Gehirn jedoch muten wir diese Bedrohung tagtäglich bedenkenlos zu.

TEIL 2

DER WEG

Wir müssen uns klar werden, daß unser Menschenhirn die kosmischen Zusammenhänge, die Quintessenz der Wahrheit, der Vollkommenheit, nicht begreifen kann. Deshalb ist alles, was wir anbieten können, nur Denk-Modell. Wie logisch oder genial unsere Denk-Modelle manchmal auch erscheinen mögen, sie sind in Wirklichkeit nur ein Bruchteil, eine Ahnung vom Universal-Wissen.

Dieser zweite Teil soll Ihnen helfen, die Fähigkeiten zu erkennen und zu stabilisieren, die es Ihnen erleichtern werden, Kontakt mit Ihren Schutzgeistern aufzunehmen.

Wir befinden uns auf diesem Planeten Erde auf einem Stern, der zu den Schul-und-Lern-Planeten der unteren Klassen gehört. Indem wir hier inkarniert sind, haben wir die Bedingungen dieser Schule akzeptiert, denn diese Inkarnation, dieses Hineingeborenwerden war unsere eigene Wahl, unser eigener Entschluß. Das Lernprogramm dieser sogenannten Erde beinhaltet das vollständige Erfassen der Polarität, der Gegensätzlichkeit. Ein Programm, das im Reichtum seines Umfangs von keinem anderen Planeten überboten wird.

Eine einzige Inkarnation kann niemals ausreichen, um sich das erforderliche Wissen, die nötige Erfahrung anzueignen. Wir werden also so lange diesen Planeten als Ort unserer Schulung wählen, bis wir soweit gereift sind, daß wir fähig sind, an anderen Orten und in einer anderen Form zu inkarnieren. Wir haben in unserer irdischen Inkarnation einen materiellen Körper mitbekommen, dessen Gehirn den Anforderungen dieses Lebens angepaßt ist. Diese Anforderungen beziehen sich vor allem auf die Polaritäten, wie zum Beispiel Tag – Nacht, heiß – kalt, weich – hart, gut – böse, gesund – krank, außen – innen, Mann – Frau, ich – du usw. Eine endlose Kette, die den Umfang des zu Erlernenden ahnen läßt.

Auch unser Gehirn besteht aus zwei Hälften, den sogenannten Hemisphären. Der rechten Hälfte ist die Intuition, das gefühlsmäßige Erfassen und Begreifen, der linken Hälfte die Ratio, die Vernunft, zugeordnet. Man sagt auch, daß die rechte Hälfte des Großhirns die weibliche Yin-Hälfte, die linke die männliche, die Yang-Hälfte sei. Diese Begriffe Yin und Yang stammen aus der chinesischen Philosophie, die den Ur-Ur-Anfang mit einem Kreis bezeichnete, der in eine Licht- (Yang) und Dunkel- (Yin) Hälfte geteilt wurde.

Abb. 1: Yang und Yin

Dieses Zeichen ist eine geniale grafische Erfassung der Welt der Gegensätze. Aus der Konstellation des menschlichen Hirns ergibt sich die Prädestination der rechten Gehirnhälfte und somit insgesamt die Prädestination des weiblichen Geschlechts für intuitive, sensitive und spirituelle Wahrnehmungen. Männer erhalten nur dann Zugang zur nichtstofflichen Welt, wenn sie es geschafft haben, ihrem Umgang mit materiellen Dingen nicht die Überbewertung zukommen zu lassen, zu der ihr Geschlecht neigt. Genauso ist es auch umgekehrt möglich, daß den Frauen ihre angeborene Intuition bei Überbeanspruchung des reinen Vernunftdenkens abhanden kommt.

Grundsätzlich ist es so, daß Männer sich ihr intuitives Bewußtsein erarbeiten müssen, während Frauen lernen sollen, es richtig einzusetzen. Ziel der Bemühungen beider ist eine gleichmäßige, ausgewogene Verwendung beider Hirnhälften, das sogenannte androgyne Denken. Aus der Unfähigkeit dieser bilateralen Verwendung entspringen die meisten – wenn nicht alle – Mißverständnisse zwischen Mann und Frau, aber auch die gigantischen Anziehungskräfte zwischen den beiden Geschlechtern.

Daß viel mehr Frauen als Männer sich einer unsichtbaren Führung bewußt sind, habe ich im Laufe von zwanzig Jahren intensiver Befragung ebenfalls bestätigt bekommen, wobei die meisten Frauen denselben Denkfehler begingen, den ich aus meiner eigenen Jugend kenne:

Sie glauben, daß alles, was sie denken, ahnen, vorausfühlen, ihre eigene Denkleistung ist. Daß die meisten positiven Ergebnisse die Früchte einer intensiven »Teamarbeit« sind, fällt den wenigsten auf. Mich berührt es immer peinlich, wenn jemand »seine« Erfindungen, »sein« Kombinationsvermögen und »seine« Leistung demonstriert oder belobigt bekommt.

In Anbetracht dessen, daß jegliches auf dieser Erde durch Menschen manifestierte Wissen aus einem riesigen kosmischen Allgemeinwissen geschöpft wird, ist sogar die Verleihung eines Nobelpreises von einiger Peinlichkeit. Der Preisträger hat nichts erfunden. Das, was er wirklich geleistet hat, war lediglich, sein Hirn so weit aufnahmefähig zu machen, daß das entsprechende Wissen mit sehr viel Hilfe infiltriert werden konnte.

Ich möchte nicht wissen, wie viele höhere Entitäten Blut und Wasser geschwitzt haben, bis sie einen Herrn Edison, einen Herrn Röntgen oder auch einen Herrn von Klitzing so weit hatten, daß das bekannte Endergebnis vorgelegt werden konnte. Alle Achtung vor der Arbeits- und Trainingsleistung, aber bitte nicht vor der Erfindung; die gab's schon vorher.

Wenn man bedenkt, daß auf anderen Planeten seit Jahrhunderten fröhlich (und auch verantwortungsvoll) mit Hyper-Energie umgegangen wird, dann ist jegliches Sich-auf-die-Brust-Trommeln angesichts einer Concorde oder einer Mondrakete nur beschämend. Aber dieser menschliche Hochmut resultiert eben aus seiner Unwissenheit.

Je inspirierter und wissender ein Gelehrter war, desto demütiger wurde er, denn er mußte zwangsläufig erkennen, »ich weiß, daß ich nichts weiß« – oder anders ausgedrückt, »wir sind das Radio, der Sender ist außerhalb«.

Diese Erkenntnis schafft schon mal eine gute Basis, um mit Schutzgeistern oder jenseitigen Intelligenzen nutzbringend und zu aller Freude umgehen zu können. Eine weitere Basis ist eine sorgfältige, der Intelligenz und Neigung angepaßte Schulausbildung. Je größer das Grundwissen, je flexibler ein Hirn zu arbeiten gewohnt ist, desto leichter kann Neuwissen übermittelt werden. Je mehr man sich um geistige Qualität bemüht, um so elitärer wird der persönliche Hüter. Das Gegenteil kann auch passieren oder – um ehrlich zu sein – ist mir selbst passiert.

Während meiner Ausbildungszeit und auch noch am Anfang meiner Karriere hatte ich einen sehr anspruchsvoll agierenden Schutzgeist. Als ich während meiner Karriere das erlernte Wissen verflachen ließ, ja sogar verleugnete (auch Eitelkeit und Bequemlichkeit ist Verleugnung), lehnte er es eines Tages schlichtweg ab, mich weiter zu betreuen. Es dauerte sieben Jahre und bedurfte der Fürsprache eines Mittlers, bis ich ihn zurückbekam. Als er ausschied, kam meine ganze Schutzgeist-Truppe ins Wanken. Die Auswirkungen auf mein Lebensprogramm waren geradezu verheerend.

Zu jener Zeit erkannte ich die Wichtigkeit, aber auch die Gefährlichkeit des positiven Denkens. Wichtigkeit, weil positive Denkenergie der Katalysator für jenseitige Energieschübe ist. Gefährlichkeit, weil einseitig positives Denken zur geistigen Bequemlichkeit verleitet. Nichts und niemand kann uns über den Dual-Charakter unserer Erde hinwegtäuschen, der sich auch in unserem Denken abspielt und abspielen muß. Wir leben vom Wechselspiel positiver und negativer Denkenergien, außerdem wird es für uns, die wir uns dem Wassermann-Zeitalter nähern, langsam Zeit, mit unserem kleingeistigen »gut = gut« –, »bös = bös«-Denkschema aufzuräumen.

Die Kraft, die stets das Böse will und doch das Gute schafft, hat – wie Goethe schon damals erkannt hat – etwas durchaus Kreatives. Es ist die Fähigkeit des richtigen Umgangs mit diesen beiden Denkenergien, die gelehrt werden muß, nicht die totale Negierung ihrer einen – negativen – Hälfte. Es hilft nichts, den Menschen nur das Polieren der einen Seite der Medaille beizubringen, die zweite Seite existiert und schreit nach Behandlung.

Ein Buch mit dem Titel »Die Kunst des ganzheitlichen Denkens« ist längst fällig.

Viel zu spät lernte ich dann um so schmerzhafter, daß positives Denken keineswegs ein starr auf freundlich-problemlosen Menschenumgang programmiertes Imaginations-Schema mit eingebauter Gesundheits- und Erfolgsgarantie sein darf, sondern einseitig verwendet wie ein Bumerang wirkt.

Nur ein kurzes Beispiel dazu: Zu einer Beratung erschien eines Tages eine Dame mittleren Alters, die seit Monaten ihre ganze Energie darauf verwandte, sich mit Hilfe des positiven Denkens eine Verbesserung ihrer finanziellen Mißstände zu erwirken. Eine Nachprüfung ihres Schicksalsweges ergab, daß sie ihre jetzige Inkarnation vor allem dazu gewählt hatte, um über Beschränkung fehlende Erfahrungswerte aufzustokken. Groteskerweise hatte sie sich mit ihrer positiven Konzentration auf Verbesserung ihrer Lage ins eigene Schicksals-Handwerk gepfuscht.

Über dieses Paradoxon wurde ich mitten in einer städtischen Bücherei aufgeklärt, als ich mich mal wieder auf eines jener einschlägigen Werke des positiven Denkens stürzen wollte. Seltsamerweise war der Aufklärer derselbe, der mir die technischen Anweisungen für die Reparatur von Immys Auto gegeben hatte, was meine bis dato vertretene Theorie, daß Schutzgeister spartenmäßig arbeiten, bis ins Mark erschütterte.

Sein Plädoyer gegen die ausschließliche Verwendung positiven Denkens und schicksalskonträrer Imagination (O-Ton) war von literarischer Brillanz. Später hat er sich auch bei Gedichten immer wieder eingeschaltet, aber auch bei der Reparatur meines Anrufbeantworters, die ich damit problemlos bewältigte.

Trotzdem ging es in meinem Leben erst einmal für ein paar Jahre drunter und drüber, weil sich die Geistführer aus den vorher genannten Gründen distanziert hatten. Ein Gutes hatte dieser Rückzug für mich. Ich begriff auf diesem Weg den Aufbau der Hierarchien, die Rudolf Steiner immer wieder angedeutet hatte und die ich damals noch nicht verstanden hatte.

Das System ist relativ einfach: Zuerst muß man akzeptieren, daß der Mensch Besucher, Gast auf dieser Erde ist. Er ist nicht erdgemäßer Ur-Einwohner; das sind nur die Mineralien, Pflanzen und Tiere, also die Gruppe materialisierter Energieformen, die erschaffen wurde, aber selbst nicht erschaffen kann, Energieformen aus einer Energiegruppe ohne Individualcharakter also.

Dieser Dreiergruppe steht gegenüber die Gruppe der Schutz- und Hilfsgeister, sodann die der Cherubs und Seraphs, der sogenannten Herrscher der zweiten Gruppe, und als Abschluß die OM-Entität, die vollkommene, allwissende Übermacht. Das Bindeglied zwischen der einen und der anderen Gruppe ist der Mensch, der einerseits materiell erschaffen wurde, andererseits aber auch erschaffen *kann,* kreativ sein *kann* und sich aufgrund seiner Individualität und Lernfähigkeit in die nichtmaterielle Gruppe hinein- und in ihr hinaufarbeiten kann.

Innerhalb der Schutz-, Erzengel- und OM-Gruppe gibt es nochmals eine Vielzahl von Hierarchien, auf die ich aber nicht näher eingehen möchte.

Wer sich über das Ausmaß der Geist-Entitäten informieren möchte, möge sich an Franz Bardons Buch der magischen Evokation (s. S. 160) halten. Die darin angegebenen, den verschiedensten Sphären zugehörigen Geister sind schätzungsweise ein Millionstel der insgesamt vorhandenen.

Franz Bardon hat in seinem Werk eben *die* Wesen beschrieben, die er dank *seiner* Reife konfrontieren konnte und durfte.

In welchem Ausmaß die eigene Reife und Seelenqualität die Voraussetzung für den Umgang mit Wesen aus höheren Sphären ist, wird in diesem Buch besonders überzeugend demonstriert. Niemand, der an seiner Vervollkommnung nicht intensiv arbeitet, wird es jemals schaffen, auch nur in die Nähe, geschweige denn unter den Schutz höherer Geister zu kommen. Doch zunächst braucht uns nur zu interessieren, mit welchen nichtmaterialisierten Kräften wir in Verbindung treten können und wie.

Die erste Bedingung für eine bewußte kooperative Zusammenarbeit mit jenseitigen Wesen ist das Wissen, daß es sie wirklich gibt. Sie werden feststellen, daß Sie, je mehr Sie wirklich nach einer Bestätigung dieser durch die Wissenschaft nicht bewiesenen Theorie suchen, diese entsprechend der Intensität Ihrer Suche auch finden werden.

Das Such-und-Finde-Phänomen spielt sich übrigens sehr oft auch auf völlig anderen Gebieten ab, und sicher haben Sie es auch schon selber an sich erlebt.

Nehmen wir an, Sie beschließen eines Tages, Ihren Urlaub in Ägypten zu verbringen, und weil Sie nicht nur in der Sonne braten, sondern sich auch bilden wollen, verschaffen Sie sich vorher etwas Literatur über die Pyramiden.

Ihr Interesse verstärkt sich durch die Lektüre. Sie wollen mehr wissen, um hinter das Geheimnis zu kommen. Folgendes wird passieren: Sie werden in der Straßenbahn vor jemandem zu sitzen kommen, der sich mit seinem Nachbarn über Pyramiden unterhält; im Vorzimmer Ihres

Zahnarztes wird die Zeitung, die Sie in die Hand nehmen, einen Artikel über Pyramiden enthalten; und am Abend werden Sie Ihren Fernseher genau dann anstellen, wenn ein Archäologe über die Sphinx spricht.

Der Witz ist, daß diese Vorgänge sich auch um Sie herum abspielen würden, wenn Sie sich in keinster Weise für Pyramiden interessieren würden, und demzufolge würden Sie auch in keinster Weise darauf reagieren. Nun aber, als Suchender, scheint Ihnen plötzlich Ihre ganze Umgebung nur mehr ein einziger Informant zu sein. Und so ist es mit allen Dingen, nach denen man sucht. Es scheint, als ob man Spezialantennen ausgefahren hätte und als ob alles und jedes nur darauf gewartet hätte, endlich sein Wissen via Antenne an Sie abzugeben. Diese nur im Anfang verblüffende Funktion hat im weitesten Sinn natürlich auch mit positivem Denken zu tun.

Nun möchte ich – das positive Denken betreffend – Sie um etwas bitten, was sicher nicht einfach sein wird, wenn Sie bis jetzt die übliche Form des positiven Denkens gepflegt haben. Ich möchte, daß Sie den Begriff »positives Denken« ab sofort umwandeln in den Begriff: »Optimal-Imagination«. Diese Form der Vorstellung beinhaltet nämlich x-mal mehr Energie als die übliche Formation von positiven Satz- und Vorstellungsbegriffen.

Die Voraussetzung, um mit der Optimal-Imagination wirklich umgehen zu können, ist das Wissen um das Programm, das Ihnen schicksalsmäßig zusteht, und um die Möglichkeiten, die sich Ihnen im Laufe Ihres Lebens bieten. Es hat keinen Sinn, sich in Wunschvorstellungen zu versteigen, die außerhalb Ihres Programms liegen. Ich habe es vorher schon einmal angedeutet und sage es jetzt noch einmal sehr eindringlich: Seien Sie generell vorsichtig mit Ihren Wünschen und der Intensität, mit der Sie Ihre Vorstellungen in die Realität zwingen wollen, denn – es könnte klappen.

Das klingt wie ein Scherz, ist aber mehr als ernst gemeint. Erinnern Sie sich bitte an die schöne Geschichte mit dem Mann, der seine gesamte Gedankenenergie darauf verwandte, noch einen Platz auf der total ausgebuchten Titanic zu bekommen. Tatsächlich sprang jemand ab, und freudestrahlend nahm er dessen Platz ein. Den Rest der Geschichte kennen Sie.

Ich bitte Sie eindringlich, bei jeder Art von Wünschen, die Sie sich in Ihrer Vorstellungswelt bilden, genauestens in sich hineinzufühlen.

Der Job, der Partner, hinter dem wir so her sind, vielleicht ist er nur der Lockvogel für eine Schicksalsfalle. Wahrscheinlich haben die wenigsten von Ihnen – möglicherweise sogar noch niemand – von diesem Begriff gehört. Und ohne meine Schutzgeister wäre ich auch bis heute ahnungs- und arglos. Eine Schicksalsfalle hat immer mit dem freien Willen zu tun und ist auf zwei Arten herauszubekommen: erstens durch genaues und in gemeinsamer Arbeit mit dem Schutzgeist überlegtes Abschätzen von Situationen und Angeboten und zweitens durch ein sorgfältig erstelltes astrologisches Kosmogramm.

Der zweite Punkt ist schwieriger zu erfüllen als der erste. Das kommt daher, daß wir in Deutschland (aber auch sonstwo) kaum Astrologen finden, die einwandfrei arbeiten und ihr Betätigungsfeld sowie ihre Aufgabe wirklich begriffen haben. Um es einmal mit aller Deutlichkeit zu sagen, ein Astrologe kann Ihnen in keinem Fall die Zukunft voraussagen. Sollte er versuchen, bei Ihnen einen gegenteiligen Eindruck zu erwecken, packen Sie Ihr Geld wieder ein, und gehen Sie schleunigst nach Hause.

Die Astrologie ist ein Zeitspur-Seismograph, der aussagt, welche Energieeinflüsse von welchen Planeten momentan auf Sie wirken, was soviel heißt wie: Wann ist eine Zeit reif und wann ist sie ungeeignet für bestimmte Aktionen?

Wir haben in unserem Leben unentwegt Entscheidungen zu treffen, die aus der Kraft unseres freien Willens resultieren. Diese Entscheidungen sind die Prüfsteine und auch die Signale ins Jenseits, wie weit der Reifeprozeß wirklich fortgeschritten ist. Und aufgrund dieser Entscheidung entwickelt sich unser Schicksal, an dessen Formung wir ebenso beteiligt sind wie die höchste Macht, der wir anvertraut sind. Der Vollkommenheit ist es gleichgültig, wie wir zu ihr gelangen, und dem Allkosmischen Gesetz ist es ebenfalls egal, wieviel Mühe es uns kostet, mit ihm klarzukommen – es existiert.

Das klingt brutal, und das ist es auch. Wenn wir die Menschenschicksale auf dieser Erde betrachten, dann kann uns nur ein wirklich aufgeklärtes Begreifen die allumfassende Güte und Gnade Gottes erfassen lassen. Wir existieren durch die göttliche Energie der OM-Gruppe, die uns die Grundlage gegeben hat, zu dem zu werden, was wir heute sind – Menschen. Aber in uns tragen wir das Programm und den Auftrag, der Vollkommenheit adäquat zu werden. Und der Weg bis dahin ist qualvoll, steinig und schön, denn das Ziel ist uns sicher, und die Ahnung, es zu erreichen, ist es, was uns aufrechterhält und uns vorwärtstreibt.

Wenn Sie bereit sind zu verstehen, was ich hier erkläre, dann werden Sie vielleicht auch für folgendes bereit sein: Achten Sie auf das Niveau Ihrer Gebete, wenn Sie sich an hohe Geistwesen oder sogar an die höchste Entität – an den Gottvater – wenden. Die hohen Entitäten sind kein Antragsbüro, und die ihr Zugehörigen haben andere Aufgaben, als sich um den Lottogewinn von Frau Hinterhuber und den Beinbruch von Herrn Weber zu kümmern. Wenn etwas wichtig ist, dann ist es das Kollektivschicksal, und das Kollektivschicksal erfordert den restlosen Einsatz von jedem einzelnen.

Dieses »liebe deinen Nächsten wie dich selbst« ist der Fahnenspruch unserer Existenz. Er besteht aus zwei Teilen, was gerne und zum Nachteil aller oft übersehen wird. Drehen wir den Satz um, damit klarer wird, worauf dieser wichtigste Auftrag hinausläuft.

»Liebe dich selbst – damit du deinen Nächsten auch lieben kannst.« Dieses »Sich-selbst-Lieben« hat nichts mit Egozentrik und Eigenliebe zu tun, sondern es ist das Erlernen des vorsichtigen Umgangs mit Menschen im allgemeinen und am geeignetsten Objekt im besonderen – nämlich an sich selbst. Wir sollen an uns zuallererst erfahren, was Verantwortung heißt.

Wir haben eine Seele *und* einen Körper, die *beide* gepflegt werden wollen und die mit sich selbst und mit der höchsten Entität, der sie entstammen, in Zusammenhang stehen. Aus *diesem* Begreifen entwickelt sich eine Korrelation mit dem Höchsten und nicht aus dem gedankenlosen Dahinplappern von Gebeten und Abhalten irgendwelcher vorzeitlicher Rituale.

Ich erinnere mich genau, wie erschüttert ich

war, als ich diese Zusammenhänge zum ersten Mal begriff. Doch es war eine notwendige und gute Erschütterung, und deshalb will ich dieses Gedankengut unverfälscht, genauso wie ich es selbst erhalten habe, in Güte und Liebe, aber auch mit aller Entschiedenheit nun an Sie weitergeben.

»Liebe deinen Nächsten wie dich selbst!« O Liebe, Liebe! Dieses mißverstandene Allmachtswort, dieses mißbrauchte Synonym der höchsten Entität. Was wird und was haben wir daraus gemacht? Unter diesem hehren Mantel erpressen wir unsere Partner, leben unsere Triebe aus, pressen wildfremde Nationen in unser alleinseligmachendes Kulturschema und malträtieren unsere Kinder. Die Früchte dieser Liebe sprechen bändeweise für sich. Lieben heißt nicht, den anderen sich bequem, gefügig und gleich zu machen, sondern lieben heißt frei-lassen, ent-lassen, sein-lassen.

Wenn Sie lernen, sich selbst zu lieben, dann werden Sie auch nicht mehr ab-hängig sein. Dann haben Sie die ungeheure Chance der Veränderung, des All-Ein-Seins. Das heißt nicht Einsam sein. All-Ein sein ist ein Geschenk – Ein-sam sein ist eine Prüfung. Eine Prüfung, die oft als Strafe empfunden wird und doch nur da ist, um uns aufzumachen, reifzumachen fürs All-Ein-Sein-Können. Wer *das* begriffen hat, ist reif für

Partnerschaft. *Der* kann lieben, sich und seinen Nächsten, und *der* kann helfen ohne Pressalien im Hinterkopf, ohne Demonstration.

Hüten Sie sich vor Menschen, die dauernd und ungebeten Hilfe anbieten und mit ihrem eigenen Leben in keinster Weise fertig werden. Diese Hilfe bringt keinen Segen und sollte eigentlich nur als Hilferuf verstanden werden, ein Hilferuf nach Anerkennung und Liebe. Überhören Sie solche Hilferufe niemals. Versagen Sie niemals Ihre Hilfe jemandem, der Sie darum bittet. Das wiederum ist die Voraussetzung, damit Ihnen selbst geholfen wird.

»Aber wer hilft mir denn, wenn Gott so weit ist und alles andere sich nur ums Kollektiv kümmert?« werden Sie jetzt vielleicht fragen, genauso wie ich es vor vielen Jahren tat. »Wer ist denn dann an mir interessiert, dem Nichts, dem Staubkorn, der Ameise?«

Als ich das sagte, bekam ich einen der wenigen Rüffel von Rudolf Steiner. »Wie kannst du es wagen zu sagen, du bist Nichts? Du bist Angehöriger der höchsten Allmacht, Mitarbeiter im und am kosmischen Gleichgewicht, beauftragt, die göttliche Idee durch deine Existenz zu verkünden und zu manifestieren.«

»Ja«, wehrte ich mich, »aber wer hilft *mir*?«

»Dein Alter-Ego, dein höheres Ich«, antwortete mein Gruppenherr.

Es stellte sich im Laufe der Gespräche heraus, daß die ungestörte Kontaktaufnahme mit dem Alter-Ego ähnlich einfach zu bewerkstelligen war wie die mit dem Bundespräsidenten. Mein höheres Ich war zwar sehr an mir interessiert, aber durch meine Unreife schwer ansprechbar.

Ich brauchte also Helfer, Mittler, mir gut Gesonnene, und das waren meine Schutzgeister sowie auch Geisthelfer, die mir zwar nicht direkt zugeordnet, aber an mir interessiert waren, nachdem ich ihnen durch mein Interesse aufgefallen war. Ich lernte also, meine Denkstimmen zu differenzieren und ernst zu nehmen.

Als ich zum ersten Mal an mein höheres Selbst geriet, bin ich vor Ehrfurcht fast in die Knie gegangen. Der Umgang mit meinen direkt zugehörigen Schutzgeistern und -helfern verlief allerdings weniger dramatisch.

Das erste, was mich mein Schutzgeist bat, war, ihn doch bitte nicht anzubeten. Er sagte, wir seien ein »Team« und hätten optimal zusammenzuarbeiten, und nur daß er den besseren Überblick und mehr Erfahrung habe, sei wirklich kein Grund, ihn anzubeten (O-Ton).

Ich fragte ihn, ob es dann das Gebet überhaupt gebe. Aus der Antwort, die ich bekam, ergibt sich jede Erklärung und erübrigt sich jede Deutung und Vermutung meinerseits:

»Jesus hat der Erde das gewaltigste Gebet hinterlassen, das es jemals gab und geben wird. In Ehrfurcht und Demut gesprochen, bringt es dich in direkten Kontakt mit dem Allmächtigen Vater und beinhaltet das Erbitten aller Notwendigkeiten. Es lautet:

Vater unser,
Herrscher aller Himmel,
dessen Name von allen
in Ehrfurcht genannt wird,
lasse deine Vollkommenheit in uns erstrahlen.
Lasse uns reifen durch deinen göttlichen Willen,
der in allem und durch alles wirkt.
Laß unsere Arbeit gute Früchte tragen
und lasse uns nicht schuldig werden,
noch anderen ihre Schuld zur Last legen.
Gib uns die Kraft,
der Versuchung zu widerstehen,
und die Kraft,
das Böse zu überwinden,
um deiner würdig zu werden
in Ewigkeit. Amen!«

Eines war hiermit für immer geklärt: Beten hat mit betteln nichts zu tun. Beten ist der Versuch, sich in eine göttliche Strömung und Schwingung einzuklinken, die uns soviel Energie vermittelt, wie wir zur Bewältigung unserer Probleme und zum Vorwärtskommen auf dem Weg zum OM benötigen.

Anbetteln und drangsalieren können wir notfalls unsere Schutzgeister. Auch beklagen darf man sich. Schlimmstenfalls kann man sogar verhandeln. Was man nicht darf, ist drohen und unverschämt fordern. Das wird bei aller Langmut und bei allem Überblick nicht gern gesehen. Vor allem darf man eins nie vergessen: Die geistige Qualität, die man selbst anbietet, ist genau dieselbe, die einem als Antwort geboten wird.

Damit komme ich zum Thema Okkultismus. Dazu gehört das sogenannte Tischerücken, Geister beschwören, schwarze und weiße Messen, mediumistische Séancen unterhaltenden Charakters usw., usw. Ich greife mir manchmal an den Kopf, wenn ich sehe, mit welcher Blauäugigkeit sich die Menschen an dieses gefährliche Thema wagen.

Es ist sicher kein Zufall, daß ausgerechnet heute – wo ich über diesen Punkt zu schreiben habe – ein befreundeter Arzt aus Hamburg völlig konsterniert anrief und etwas ratlos anfragte, was er denn mit zwei Patientinnen tun solle, die nach zehn Stunden (!) Tischrücken nun völlig verwirrt seien und sich nicht mehr unter Menschen trauen würden, weil Satan und Gott (natürlich gleichzeitig, was sonst!) ihnen gedroht hätten.

Das ist nun genau das Thema, das ich vorher schon angekündigt habe. Den Körper zu schützen, das haben wir brav gelernt, nach dem Motto »zieht euch warm an«. Aber wie man den Geist warm, oder besser, klar hält, das hat man uns weniger gut beigebracht. Ich möchte gerne den Religionsunterricht erleben, in dem das Thema Okkultismus kompetent abgehandelt wird. Ich weiß nicht, wie lange es noch dauern wird, bis es sich endgültig und überall herumgesprochen haben wird: Es gibt Geistformen, die so gefährlich wie ein Rasiermesser, so vernichtend wie Heroin und so verheerend wie Salzsäure sind. Deswegen gilt für alle Anfänger: Hände weg von okkulten Spielereien! Sie sind so lebensbedrohend wie das Befahren der Autobahn in entgegengesetzter Richtung. Eine Séance darf nur im hermetisierten Raum mit hermetisierten Personen und unter Aufsicht eines Meisters der vierten Stufe (mindestens!) stattfinden.

Ich werde die unserem Thema angemessenen Formeln und ihre Anwendungen im dritten Teil des Buches angeben, und ich bitte schon jetzt, sie genauestens einzuhalten. Was ein Meister der vierten Stufe ist, will ich nur knapp erklären: Er muß durch fortgeschrittene Reife unschwer erkennbar und gesund sein; er muß seinerseits von einem Meister ausgebildet worden sein und die der vierten Stufe entsprechende Einweihung durchlaufen haben. Wer als Séance-Leiter mit dieser Information nichts anfangen kann, der höre auf, Séancen und Sitzungen – welcher Art auch immer – abzuhalten, denn er ist für alle Mitglieder verantwortlich wie ein Pilot für seine Passagiere. Wenn er sie nicht sicher durch den Kanal schleust, lädt er sich dasselbe *Karma* auf wie ein betrunkener, fahrlässiger Flugkapitän.

Unwissenheit schützt vor Strafe nicht. Das gilt auch hier. Jemand, der in geistiger Unreife Geister anruft, zu dem kommen sie auch, und zwar ebensolche: geistig unreife Foppgeister, erdnahe und unerlöste. Die Blödsinnigkeit ihrer Durchsagen wird nur noch von der Dummheit der Fragen überboten.

All dieser okkulte Firlefanz hat nichts mit der Anrufung und Befragung von Schutzgeistern sowie hoher Entitäten zu tun. Dazu gehört geistige Reinheit und Reife sowie ein ausgeprägtes Verantwortungsgefühl, moralische Festigung (nicht Starrheit) und ein geklärtes, dem Göttlichen angeschlossenes Bewußtsein.

Da ich annehme, daß Sie alle, die Sie dieses Buch lesen, sich um diese Voraussetzungen bereits bemüht haben und auch willens sind, sich weiter darum zu bemühen, werde ich nun den Weg dahin in aller Ausführlichkeit beschreiben, denn ich möchte, daß Sie wirklich mit Ihrem Schutzgeist sprechen und nicht mit irgendwelchen zur Schizophrenie führenden Chimären. Ich will, daß Sie diese wichtige Hilfe bewußt und in voller Kenntnis der Vorgänge in Anspruch nehmen können, und ich will Ihnen damit auch helfen, den Weg zum hohen Ziel – den Kontakt mit Ihrem hohen Selbst – zu ebnen.

Seit Ihrer Kindheit wurden Sie angehalten, in Ihrem Tagesablauf bestimmte Rituale aufzunehmen und zu erfüllen. Diese Rituale enthalten zum großen Teil Aktivitäten, die zur Erhaltung der äußerlichen Würde des Menschen und zur Erhaltung seiner Gesundheit beitragen.

Ich möchte Sie nun bitten, am Anfang und am Ende Ihres Tagesablaufs jeweils zehn Minuten als festen Bestandteil einzufügen, der zur Hygiene Ihrer Seele und Ihres Geistes gedacht ist. Diese zehn Minuten müssen, wenn Sie nicht alleine leben, von den restlichen Familienmitgliedern als ein Zeitraum geachtet werden, in dem Sie in völliger Ruhe gelassen werden.

Suchen Sie sich einen Platz aus, an dem Sie in Meditationshaltung ungestört sich sammeln und mit der Allmacht in Kontakt treten können. Zünden Sie eine Kerze an, und setzen Sie sich mit dem Gesicht gegen Osten.

Beginnen Sie mit dem Kreuzzeichen. Sie können es so machen, wie Sie es wahrscheinlich gelernt haben – mit der rechten Hand an die Stirne (im Namen des Vaters), auf die Brust (des Sohnes) und an die rechte und linke Schulter (und des Heiligen Geistes), Hände falten (Amen).

Wenn Sie wollen, können Sie aber auch das Kreuz in einer anderen Art machen, die ich selbst verwende. Beide Arme werden seitwärts in einem weiten Bogen über den Kopf geführt und die Hände so weit wie möglich über dem Scheitel gefaltet (im Namen). Die gefalteten Hände berühren die Stirne zwischen den Augenbrauen (des Vaters), die Brust (des Sohnes). Die Arme breiten sich seitwärts waagrecht aus (des Heiligen Geistes) und kreuzen sich vor der Brust (Amen). Heben Sie nun Ihr Gesicht nach oben und sprechen Sie das »Vater unser«.

Nachdem Sie das Gebet gesprochen haben, lassen Sie einen Moment völliger Sammlung in sich eintreten, indem Sie sich mit Ihrem Schöpfer in Liebe und Dankbarkeit verbunden fühlen. Formen Sie keine Gedanken, sondern seien Sie nur Gefühl. Sollte es Ihnen anfänglich Schwierigkeiten machen, dieses Gefühl zu erzeugen, so stellen Sie sich nur vor, daß Ihr ganzer Körer sich von unten nach oben mit warmem goldenem Licht füllt, das bis in Ihre Stirne steigt, nach oben entlassen wird und den ganzen Raum um Sie erhellt. Fühlen Sie die Kraft und den Schutz dieses Lichts.

Das Wohlbefinden, das sich in Ihnen bald darauf ausbreiten wird, ist dem Gefühl der Liebe sehr ähnlich. Bald werden Sie wissen, wie es »schmeckt«, und werden es ohne Anstrengung erzeugen können. Baden Sie Ihren Körper in diesem Licht. Visualisieren Sie, daß Ihr Geist in diesem Licht ist und Ihren Körper von außen damit umgibt und daß sich in diesem Licht auch die Antwort Ihres Schöpfers auf Ihren Morgen-(Abend-)gruß sammelt.

Wenn Sie sich Ihres Gefühls voll bewußt sind, dann saugen Sie das Licht mit Ihrem ganzen Körper wieder in sich hinein, so daß Sie von innen her strahlen. Sagen Sie: »Ich bin die Liebe Gottes.« Legen Sie nun Ihre Hände mit nach oben gerichteten Handflächen auf die Knie, und sagen Sie: »Für den heutigen Tag (die heutige Nacht) erbitte ich Schutz und Führung. Ich bin eins mit der Allmacht und meinen Schutzgeistern und danke für die mir erwiesene Hilfe.«

Lassen Sie das Gefühl, das dieser Spruch erzeugt, sich in Ihnen breit machen, und erfreuen Sie sich an dem Wohlgefühl, das entsteht. Es könnte sein, daß Sie mit dieser Übung, die Ihrer Stabilisierung dient, schon die erste Kontaktaufnahme erreichen. Aber das wäre eher außergewöhnlich.

Dehnen Sie diese täglichen Übungen keinesfalls über mehr als jeweils eine Viertelstunde aus. Die letzten Minuten müssen immer dem irdischen Sammeln gewidmet sein. Fühlen Sie den Druck des Bodens und den Halt, den er Ihnen gibt. Beenden Sie die Übung mit demselben Kreuzzeichen, mit dem Sie auch begonnen haben und dem Bewußtsein, daß Sie eben einen neuen Lebensabschnitt begonnen haben, umgeben von Wohlwollen und Liebe und mit der Sicherheit, daß sich alles zu Ihrem Besten fügen wird.

Wenn Sie es schaffen, diese Empfindung mit in Ihren Alltag oder Ihren Schlaf zu nehmen und in Ihre Handlungen zu integrieren, werden Sie die wahrsten Wunder in Ihrer Umwelt erleben.

Irgendwann werden Sie feststellen, daß Sie geliebt (nicht beliebt) sind. Das kann in der vollendeten Form so weit gehen, daß wildfremde Menschen Ihnen auf der Straße etwas Liebes sagen oder tun.

Übrigens: Wenn so etwas passiert – und ich garantiere, es wird passieren –, dann danken Sie freundlich, aber retournieren Sie nicht an den Geber. Liebe soll fließen. Wenn also jemand zu Ihnen sagt, wie hübsch Sie heute wieder aussehen, dann sagen Sie bitte nicht: »Sie aber auch«, sondern nehmen Sie an: »Danke vielmals.« Zeigen Sie, daß Sie erfreut worden sind, und sagen Sie, was Sie fühlen.

Das positive Annehmen von Freundlichkeit ist ein ganz wichtiger Bestandteil der Ausbildung und Erhaltung Ihrer Liebes- und Sozialfähigkeit. Außerdem lädt es Ihren Solarplexus, Ihr Körperenergie-Zentrum wenige Zentimeter oberhalb Ihres Nabels, auf.

Es hat keinen Sinn, jemandem, der zu Ihnen sagt: »Was für eine schöne Armbanduhr Sie haben«, zu antworten: »Ach die, die ist schon hundert Jahre alt.« Optimal ausgewertet ist der Vorgang nur, wenn Sie annehmen: »Danke, ich freue mich auch jeden Tag daran.« Oder: »Freut mich, daß sie Ihnen gefällt.«

Und weil wir gerade dabei sind: Worte wie Freude, freuen, Glück, glücklich, gut, gerne, fröhlich, froh, Liebe usw. haben energetische Kraft. Verwenden Sie sie so oft und so bewußt wie möglich. Das nur nebenbei.

Wenn Sie also nun, von Ihrer Lichtübung gestärkt, die Bühne des Alltags betreten, fangen Sie doch bitte an, Ihre Gedanken wahrzunehmen, und merken Sie sich die Art und Färbung Ihrer eigenen Denkabläufe. Denken Sie bewußt. Diese Aufforderung wird Ihnen um so weniger stupid vorkommen, je öfter Sie sie praktizieren.

Der Alltag der meisten Menschen beginnt mit einem Verkehrsmittel, entweder mit einem allgemeinen oder einem eigenen. Diese Verkehrsmittel sind hervorragend geeignet, um Denkstimmen zu eruieren, denn sie zwingen uns in die Nähe von Menschen, die wir eigentlich nicht gesucht haben. Unsere Revieransprüche werden schmerzlich dezimiert, unsere Sinnesorgane belastet, unsere Geduld strapaziert.

Und genau *das* ist der Moment! Sie kennen Ihre Gedanken in solchen Situationen doch bis zum Überdruß (Gott, ist der Bus heute wieder voll; warum muß die Dicke denn so laut reden; ach, daß der Fahrer immer so stark bremsen muß; warum macht der Idiot den Blinker nicht raus usw. usw.). Lassen Sie also Ihr Tagesbewußtsein Ihren Alltag kommentieren und – hören Sie drüber.

Das wird nicht auf Anhieb gelingen. Nicht aufgeben! Es ist schon viel gewonnen, wenn Sie eines Tages in sich denken hören: »Die Dicke schreit nur so, weil sie schwerhörig ist.« Nehmen Sie es wahr. Es ist wahrscheinlich keine Vermutung, sondern besänftigende Information.

Wie oft bin ich schon auf die Bremse getreten, bevor es mein Vordermann tat, weil jemand in meinem Kopf sagte: »Brems!« Ich kenne mich und meine Denkschemata. Ich denke nie »brems«, wenn bremsen angesagt ist. Ich tue es re-aktiv.

Ihr Schutzgeist wird sich 99,9prozentig zuerst nicht mit hehren Durchsagen bemerkbar machen, sondern mit Alltagsbanalitäten. Achten Sie vor allem auf Gedankenformen, die in der Du-Form laufen. Ich hoffe für Sie, daß Ihnen ein Sprecher erspart bleibt, der Sie in der dritten Person anredet, wie es mir selbst jahrelang erging (»Ja, hat sie denn keine Augen im Kopf.«), oder etwa in Althochdeutsch.

Jetzt kommen wir nochmals zu einem Punkt, der zu den wichtigsten im Umgang mit unseren

Jenseitigen zählt: Ihre Mentalpflege. Wir haben grundsätzlich in unserer Denkweise jede Freiheit. Niemand unserer Erdengenossen kann in unser Hirn schauen (außer ein paar dafür besonders begabte Menschen), und niemand kann uns kontrollieren. Die Gedanken sind frei, so heißt es. Und genau hierbei stoßen wir auf die größte Schwierigkeit auf dem Weg zur Vollkommenheit und auch auf dem Weg zur Kommunikation mit unseren Schutzgeistern.

Wir können es als gegebene Tatsache ansehen, daß ein Wesen, welches eine Aufgabe als Schutzgeist übernimmt, von edler Prägung ist und die göttlichen Gesetze kennt. Weiterhin ist es leider so, daß unsere Schutzgeister unsere Gedanken voll mitbekommen. Können Sie sich vorstellen, was die Ärmsten mitunter mitmachen und ertragen müssen?

Ich gebe Ihnen hier schriftlich eine Garantie: Niemand, der sich mit Gewalt, Pornografie, Unterdrückung, Haß und Rache abgibt, wird in Kontakt mit seinem höheren Selbst kommen. Kontakt wird er nur mit Geistwesen haben, die sich von diesen Dingen angezogen fühlen, ihre niedrigen Bedürfnisse über ihn ausleben wollen und mit Schutz nicht das geringste zu tun haben.

Eine Erzieherin sagte einmal zu mir: »In jedem Menschen schlummert ein feiges, kleines Schwein.« Sie hat leider recht. Aber – wie gesagt –

es *schlummert.* Es schlummert aber auch in jedem von uns der edle strahlende Ritter, der selbstlose Retter, der furchtlose Held, der barmherzige Sieger und der große Liebende. Alles, alles haben wir in uns schlummern. Es liegt in unserem freien Entscheidungsbereich, zu wecken, was wir wollen.

Wie Sie sicher wissen, trägt der Mensch um sich herum seine Aura, die wie ein strahlender Mantel aussieht und manchmal bis zu zwei Metern wahrgenommen werden kann. Diese Energieabstrahlung des Menschen kann von sensitiven Personen farblich wahrgenommen werden.

Liebe Leser, Sie sollten Ihre Aura nach einem blutrünstigen Western, nach der Lektüre eines Schundromans, nach Betrachten eines schamlosen Bildes und nach dem akzeptierten Umgang mit einem an diesen Dingen sich erfreuenden Menschen sehen.

Es berührt mich immer wieder, wie wenig Bedeutung die Menschen den unsichtbaren Dingen zumessen. Kein normaler Mensch würde sich mit seinen Kleidern in (pardon) Scheiße wälzen und sich dann pfeifend unter seine Mitmenschen mischen. Doch Tausende tun genau das mit ihrer Aura. Da pumpen Sie sich voll mit Sex und Brutalität, und dann werden das Baby der Freundin, der arglose Nachbar, die Verkäuferin im Lebensmittelgeschäft samt Kunden, die Schulkinder in der U-Bahn mit einer vor Negativ-Aufladung stinkenden Aura belästigt. Aber man sieht es ja nicht.

Wir haben einen freien Willen. Daraus ergibt sich, wir haben die freie Wahl. Also bitte: Wählen Sie! Und werden Sie sich Ihrer Verantwortung bewußt. Glauben Sie ja nicht, daß die Belästigung der Aura eines Mitmenschen unbemerkt und unbestraft bleibt, denn auch dazu sind Schutzgeister unter anderem da.

Der Mensch trägt in sich eine tiefe Sehnsucht nach Schönheit und Vollkommenheit. Deshalb wollen kleine Mädchen immer Tänzerin oder Mannequin werden (weibliches Prinzip: Schönheit, Weichheit, Lieblichkeit) und kleine Jungen meist Zugschaffner und Flugzeugkapitän (männliches Prinzip: Macht, Organisation, Vernunft). Das Programm sitzt geschlechtsspezifisch verteilt unverbrüchlich fest. Durch Erziehung kann es abgeflacht oder verstärkt werden, doch die Urprogrammierung bleibt, genauso wie die archaischen Überreste animalischer Gelüste: Das Reißen der Beute mit Klauen, das Wühlen in Exkrementen, das triebhafte Begatten eines wahllosen Partners, die Lust am Quälen eines Schwächeren – auch *das* sitzt in uns drin und soll überwunden und veredelt werden.

Man verschone mich mit gutgemeinten Hinweisen, daß man ja erst einmal alles gründlich erfahren muß und *nochmals* durchmachen und *nochmals* erleben muß. Wir *haben* es schon erlebt, liebe Mitmenschen. Jetzt sind wir Menschen *ad imaginem dei*, nach dem Bild Gottes. Und wir sollten bestrebt sein, uns dessen würdig zu zeigen.

Ich bin wirklich nicht für Prüderie und Scheuklappenmethoden, aber was eine in dieser Beziehung sorglos gehandhabte Erziehung bringt, genießen wir ja momentan in vollen Zügen.

Doch wir haben ja einen mächtigen Schutz: unser Überbewußtsein, das in Zusammenarbeit mit unseren Schutzgeistern und den hohen Entitäten immer Rat weiß und dementsprechende Vorgänge in uns auslöst. Und so erzeugen wir pflichtschuldigst seit Jahrtausenden die passenden Krankheiten. Es hilft absolut nichts, Krebs, Leukämie, AIDS ausrotten zu wollen. Es hilft genausowenig, wie es geholfen hat, Pest und Cholera ausgerottet zu haben. Es ändern sich doch nur die Krankheitsbilder, das tödliche Endergebnis bleibt.

Wenn wir der Aussage Glauben schenken, daß jede Krankheit eine psychische Voraussetzung benötigt, dann sollte die verheerende Ausbreitung von AIDS uns doch endlich einmal über die Zusammenhänge mit den vorher genannten Dingen zu denken geben. Eines wage ich jedoch zu behaupten: Kein Mensch mit einer intakten, bewußt gepflegten Aura wird AIDS bekommen, selbst dann nicht, wenn er mit einem Partner lebt, der HIV-positiv ist. Noch wahrscheinlicher ist, daß er überhaupt nicht in die Nähe eines Infizierten kommt.

Es bleibt also unerläßlich, seine Aura, sein Bewußtsein, seine Chakras (Energiezentren des Körpers) in Harmonie zu halten, und dazu gehört ein aufgeklärtes Wissen über die Zusammenhänge. Dieses Wissen ist die Grundlage für einen einwandfreien Kontakt mit Schutzgeistern und Geistwesen höherer Sphären und bewahrt uns auch vor niedrigen Wesen, die nur nach Menschen suchen, über die sie ihre üblen Triebe ausleben können.

Fangen Sie also an, sich zu kontrollieren. Das wird Ihnen auch auf dem Gebiet der Ernährung nicht erspart bleiben. Es gibt auf diesem Sektor Erfahrungswerte, die als allgemeingültig und unumstößlich angesehen werden können. Jeder Mensch weiß, daß man seinen Körper mit Kaffee und Butterbroten allein nicht optimal ernähren kann. Gemüse, Obst, Fleisch, Brot, Eier, Süßigkeiten sollten in vernünftiger Zusammensetzung und Ausgewogenheit eine profunde Basis darstellen.

Nun kommt aber ein Faktor hinzu, den man nicht übersehen sollte. Der Körper ist imstande, Mängel selbst zu erkennen und seine Bedürfnisse kundzutun. Lernen Sie also, auf Ihren Körper zu *hören.* Sicher kennen Sie den Heißhunger, den man plötzlich auf ein Stück Schokolade oder ein saftiges Steak mit Bratkartoffeln bekommen kann. Geben Sie diesen Gelüsten ruhig nach. Sie haben nichts mit Unmäßigkeit zu tun. Unmäßigkeit tritt erst dann ein, wenn die Quantität nichts mehr mit dem normalen Verbrauch zu tun hat und Ersatz wird für nichterhaltene Liebe, für Anerkennung und Erfolg.

Je mehr Sie Ihre Psyche pflegen (bewußt denken!), desto mehr wird Ihr Körper gleichziehen. Wenn Sie sich gehen lassen, wird Ihre Aura instabil, und es kann Ihnen passieren, daß niedere Geistwesen sich über Ihren Körper *die* Befriedigungen verschaffen, die sie in ihrer immateriellen Welt nicht mehr erlangen können. Menschen, die wahl- und gedankenlos Dinge konsumieren, sind oft unter eine solche Besetzung geraten. Vor allem kann man das auch bei Drogen und Genußmitteln feststellen.

Die meisten von uns haben für den grenzenlosen Verbrauch von Alkohol und Zigaretten oft keinerlei Erklärung. Sie agieren wie Getriebene – und genau das sind sie auch. Nur ein bewußtes Wahrnehmen kann helfen, und ein starkes, immer wiederkehrendes Imaginieren des Idealzustandes (ich will nicht soviel rauchen/trinken), und die wiederholten Versuche, ihn herzustellen, können zu Stabilisierung führen. Auch das gehört in das Gebiet der optimalen Imagination. Nichts ist einem Besetzer widerlicher als ein Opfer, das unentwegt Idealkonditionen imaginiert oder sogar seine Schutzgeister um Hilfe bittet.

Das, worum es generell geht, ist, daß ein gesunder Körper in allem besser funktioniert und natürlich auch bessere Kontakte knüpfen kann als ein Körper, der ständig nur damit beschäftigt ist, sich gerade noch über Wasser zu halten.

Zu diesem Thema gehört natürlich auch der Schlaf, das effektivste Regenerationsmittel für Leib und Sele, das es gibt. Wenn Sie den vorher beschriebenen Morgen- und Abend-Rapport täglich durchführen, werden Sie bald keine Schlafstörungen mehr kennen. Das Nicht-schlafen-Können ist ja meist nichts anderes als die Angst, ausgeliefert zu sein oder etwas zu versäumen.

Wenn Sie sich des Schutzes und der Zusammenarbeit Ihrer jenseitigen Helfer sicher sind und in der Liebe Ihres Schöpfers leben, fallen alle diese Faktoren wie Existenzangst, Furcht vor Einsamkeit, Hilflosigkeit usw. automatisch weg. Aber das Bewußtsein muß in dieser Richtung geöffnet und geschult werden. Es ist wesentlich einfacher, sich selbst zu bemitleiden und bemitleiden zu lassen. Der Mensch ist ein Gewohnheitstier, und das Fatale ist – er gewöhnt sich einfach an alles und vermißt auch alles, was ihm längere Zeit hindurch widerfahren ist.

Bei mir heißt dieses Phänomen scherzhaft »das Witwen-Syndrom«. Ich habe zu oft erlebt, daß Witwen, die sich schon längst nicht mehr in der akuten Trauerphase befanden, ja sogar schon oft neue Partner hatten, Ausflüge in ihre längst vergangenen Trauerphasen machten, weil sie sich einfach daran gewöhnt hatten, monatelang beim Aufstehen, Mittagessen, Schlafengehen, Kaffeetrinken usw. sich kummervollen Gedanken hinzugeben. Irgendwann hatte sich die Psyche das Ritual angeeignet und es selb-ständig gemacht. Man ritualisiert vor sich hin und weiß eigentlich gar nicht mehr, warum.

Dasselbe spielt sich auch auf vielen anderen Gebieten ab, wie zum Beispiel der Unterdrückung, des Pflegetriebs, der Profilierung. Simples Beispiel ist die Frau, die nach Ableben ihres Kanarienvogels noch immer mit ihm spricht und Futter einkauft. Aus diesem Nicht-Bewußtsein heraus entstehen oft die groteskesten Situationen.

Ich hatte monatelang eine Frau in Beratung, die über Jahre hinweg unter ihrem trunksüchtigen Mann gelitten hatte, der immer – wenn er sich wieder hatte vollaufen lassen – seine Frau schlug. Als er wieder einmal sternhagelvoll war, rannte er in ein Auto, was ihn sein verpfuschtes Leben kostete.

Man sollte meinen, daß ein normal denkender Mensch diese Schicksalsfügung als Erleichterung des Lebens mehr oder weniger erfreut hinnehmen würde. Aber weit gefehlt. Die Frau, die bald einen neuen, sehr ruhigen und ausgeglichenen Partner fand, kam zu mir, weil sie diese neue Partnerschaft als nicht erfüllend, wie sie selbst sagte, empfand.

Es kostete mich fast vier Monate, bis ich sie so weit hatte, daß sie sich eingestehen konnte, daß

a) die Schläge ihres ersten Mannes bei ihr einen masochistischen Trieb geweckt und befriedigt hatten, der latent in irgendeiner Psycho-Ecke geschlummert hatte,
b) die Aggressionslosigkeit ihres zweiten Mannes ein Geschenk des Himmels war und
c) eine Ehe ohne Schlagabtausch durchaus als erfüllt bezeichnet werden kann.

Dieses Beispiel ist nur eins von vielen, das zeigen soll, wie wichtig bewußtes Denken, Bewußt-Sein ist.

Viele Kümmernisse blieben uns erspart und viele Psychopharmaka ungeschluckt, wenn wir von Kind auf gelernt hätten, unsere Denkvorgänge mit Hilfe eines Bewußtseins zu kontrollieren, das sich an den Gesetzen und Regeln dieses Daseins orientiert und seiner Funktion sicher ist.

Das Sich-sicher-Sein fällt um so leichter, je mehr man sich des Teams bewußt ist, das einen umgibt und schützt und je besser man in der Lage ist, in sich hineinzuhören. Kein Schutzgeist wird es kommentarlos hinnehmen, daß seinem Schützling Schädliches widerfährt, und er wird mit Sicherheit dazu beitragen, die mißliche Situation günstig zu beeinflussen, aber er ist relativ machtlos, wenn sein Schutzbefohlener mit stiller Leidenschaft sich am Ungemach delektiert.

Noch einmal muß es gesagt werden – wir tragen das *imago dei,* das Bild Gottes, in uns, und unsere Schutzgeister tragen wesentlich zur Aktivierung dieses Gottzugehörigkeit-Bewußtseins bei. Hindern wir diese fruchtbare Zusammenarbeit also nicht durch Denkfaulheit und Ergebenheit in irgendwelche dumpfhirnigen Denkschemata niedriger Art.

Das *cogito, ergo sum,* ich denke, also bin ich, sagt eigentlich alles. Descartes, der große französische Philosoph, begründete sein ganzes Denken auf dem Grundsatz, daß die Idee Gottes, des vollkommensten Wesens, die größte Realität beinhaltet. Viel größer als die Realität des menschlichen Ichs, das nicht die Ursache der Idee sein kann, weil sonst die Wirkung größer als die Ursache wäre, die damit ihren Ursprung außerhalb des »Ich« in Gott haben *muß.*

Damit sind wir wieder beim Dualismus von Geist und Materie. Fazit: Pflegen Sie Ihr Denken ebenso sorgfältig – wenn nicht sorgfältiger als

Ihren Körper. Durch eine solche Lebensphilosophie wird unsere Existenz sicher nicht bequemer, denn konsequent wächst damit natürlich auch das Gefühl für Verantwortung für sich und für andere. Wobei mit »anderen« auch die Schutzgeister gemeint sind.

Wenn wir schon ein Team, eine Gruppe darstellen, dann muß uns natürlich auch klar sein, daß zum Beispiel eine negative Denkweise gleichermaßen auch unsere Jenseitigen belasten muß. Wir sind also Bemühungen auf diesem Gebiet nicht nur uns, sondern allen rundum schuldig.

Wenn wir zu Recht davon ausgehen, daß wir ein auf dieser Erde inkarniertes Ebenbild unserer Schutzengel darstellen, lohnt sich diese heikle Arbeit doppelt. Sie ist die Grundlage der bewußten und fruchtbaren Verbindung mit diesen uns auf Biegen und Brechen verbundenen Wesen.

Nach wie vor bin ich mir sicher, daß eine kooperative Zusammenarbeit nur dann stattfinden kann, wenn der Mensch sich seiner Einmaligkeit und auch seiner Willensfreiheit voll bewußt ist. Ich weiß, daß dieses Wort »bewußt« von mir scheinbar zu oft verwendet wird, aber es ist von einer solchen Wichtigkeit, daß ich es immer und immer wieder verwenden werde.

Auf keinen Fall möchte ich, daß Sie glauben, bei einer geglückten Kontaktaufnahme nun an jemanden geraten zu sein, dem Sie ausgeliefert sind und dessen Vorschlägen und Hinweisen Sie blind folgen müssen. Vergessen Sie nie: Sie sind eine selbständige Individualität, und Ihr Mitspracherecht ist beträchtlich. Ihr Schutzengel, Ihre Schutzgeister wissen das. Niemals werden sie Ihnen Vorschriften oktroyieren oder kondensiertes Wissen servieren. Sie sind nicht dazu da, Ihnen die Arbeit abzunehmen, sondern Ihnen dabei zu helfen, und die Hilfe spielt sich nicht nur auf geistigem Gebiet ab.

Wir haben uns auf dieser Erde nicht ohne Grund in einen Körper inkarniert. Es wäre also ignorante Dummheit, eben diesem Körper nicht die Aufmerksamkeit zukommen zu lassen, die ihm gebührt. Diese Erde ist nicht nur ein Jammertal, und wir sind nicht inkarniert, um nur zeit unseres Lebens dahinzuleiden. Wir sollen mit unserem Körper Lust empfinden, Freude an ihm haben, das Dasein genießen.

Konstantin Wecker, der Liedermacher, sagt ganz richtig: »Wer nicht genießt, ist ungenießbar.« Ich sage es noch krasser: Ein nicht genießender Mensch ist für die Engel ein Klotz am Bein und für seine materielle Umwelt ein Greuel.

Welch ein Mißverständnis zu glauben, daß allein durch Kasteiung die alleinseligmachende Erleuchtung erlangt werden könne. Sicher – es gibt und gab Menschen, die diese Erfahrung der absoluten Beschränkung als Weg zur Vervollkommnung aus verschiedensten Gründen gewählt haben und wählen. Aber es ist nicht die Norm. Das beste Beispiel ist Jesus selbst. Er ging den Weg konsequent bis nach Golgatha, aber er sorgte auch für Wein, Brot und Fische und wußte es zu schätzen, wenn eine schöne Frau seine Füße salbte.

Die gesunde Balance zu finden, ist jedermanns ureigenste Aufgabe. Lassen Sie sich also nicht erzählen, daß Sie zukünftig nur mehr Körner essen dürfen und Kräutertee trinken und daß Sexualität ein niedriger Trieb ist, der unterdrückt und zuletzt absorbiert werden muß. Die Leute, die solches predigen, sind meist genauso fragwürdig und konfus wie ihre Thesen.

Es mag durchaus sein, daß es manchem besser bekommt, ohne Fleisch zu leben und ohne den Hauch von Alkohol, aber es liegt an Ihnen, sich zu entscheiden, ob Sie gleichziehen wollen oder nicht. Diese fanatische Gleichmacherei so mancher Lehrer des Heils hat mich immer abgestoßen. »Was dem een sin Uhl, ist dem andern sin Nachtigall« und »leben und leben lassen« erscheinen mir als durchaus akzeptable Sprichwörter.

Ich sehe nicht ein, warum jemand sein heißgeliebtes Abendbier streichen muß, um zur Erleuchtung zu gelangen. Es ist der *richtige Um-*

gang mit den Gaben dieser Welt, den wir lernen sollen und nicht die Negation. Das war eines der ersten Dinge, die mir mein Schutzherr vermittelte, und ich gebe es gerne weiter.

Im anschließenden und letzten Teil dieses Buches werden Sie Möglichkeiten erfahren, wie Sie mit materiellen Mitteln den Kontakt mit Ihrem Schutzgeist aufnehmen können.

Ich halte diese Art für wesentlich schwerer und umständlicher als das reine In-sich-Hören und -Fühlen. Trotzdem gebe ich die Technik der Vollständigkeit halber weiter. Ich verwende sie selbst nur mehr sehr selten und ausschließlich bei schweren Zweifeln – an mir selbst.

Für den absoluten Anfänger muß – was diese Technik anbelangt – folgendes mit Nachdruck gesagt werden.

1. Training ist alles,
2. Vertrauen ist alles,
3. Kritik und Selbstvertrauen ist alles, und
4. diese Technik ist kein unterhaltsames Gesellschaftsspiel. Wer das glaubt, mit dem wird gespielt werden.

Denn, wie schon vorher gesagt, wer den Kanal öffnet, der öffnet ihn allem und – wie man in den Wald ...

Es wird Ihnen anfänglich, manchmal auch noch später, passieren, daß sich Foppgeister einschleichen, doch wenn Sie bis jetzt aufmerksam gelesen haben, werden Sie in der Lage sein, sich zu wehren. Außerdem werden die Unerwünschten ihr Interesse an Ihnen sowieso verlieren, wenn Sie Ihre geistige Integrität wahren und die Vorbereitungen strikt einhalten.

Von vornherein kann ich Ihnen außerdem sagen, daß es keinen Sinn hat, unsere Jenseitigen nach Dingen zu fragen, die mit Zeitabläufen und Zeitpunkten zu tun haben. Unsere Helfer können nämlich mit unserer Zeitrechnung absolut nicht umgehen. Wenn also auf eine zeitbezogene Frage mit dem Wort »bald« geantwortet wird, dann kann es sein, daß es am nächsten Tag, aber auch erst in sieben Jahren passiert. Sicher ist nur, *daß* es passiert. Wenn wir ein Anliegen haben, bei dem die Zeit uns drängt und sich der Helfer doch bitteschön beeilen möchte, dann empfehle ich überdeutliche Angaben Ihrerseits (siehe die Bauernschrank-Geschichte).

Man darf auch nicht übelnehmen, daß unsere Schutzgeister nur ein begrenztes Verständnis für finanzielle Schwierigkeiten aufweisen. Aus diesem Grund muß man in entsprechenden Situationen, für die durchaus jenseitige Anteilnahme besteht, ebenfalls sehr deutlich werden und klarmachen, worum es geht.

Ich hoffe, es ist ohne weitere Erklärung begriffen worden, daß Schutzgeister nicht mit Fragen nach Lottozahlen oder Fußballergebnissen belästigt werden dürfen, es sei denn, sie bekunden Interesse. Das gibt es nämlich auch. Ich habe in meinem jenseitigen »Bekanntenkreis« tatsächlich einen Tennis-Freak, dem es die größte Freude macht, Wettkampfergebnisse vorauszusagen. Und das mir, die ich mich für Sport nicht mehr interessiere als für das Innenleben eines Handstaubsaugers.

Übrigens, nur ganz nebenbei, wenn unsere Sportasse mitbekämen, was und wer da von drüben alles »mitspielt«, dann würde sich so manches im Leben und Verhalten unserer Champions verändern. Aber wie ich höre, hat es sich in Sportmanagerkreisen auch schon herumgesprochen, daß eine gute Vorhand und ein exzellentes Konditionstraining allein noch keine Sieger ausmachen.

Aber zurück zu unseren Engeln, sportbegeistert oder nicht. Ich werde oft gefragt, wie man mit ihnen sprechen soll. Darauf gibt es nur eine Antwort: ganz normal, aber in Respekt und Liebe. Ob wir uns dessen bewußt sind oder nicht – die uns nahestehendsten Wesenheiten sind Engel. Sie wissen, was wir denken, fühlen, planen, lieben und verdammen, so wie es ein intimer Freund, ein Lebensgefährte weiß. Es ist also sinnlos, etwas zu verheimlichen oder zu beschönigen oder gar zu lügen. Das würde nur die Intensität des Kontaktes negativ beeinflussen.

Ich bin oft gefragt worden, ob es bestimmte gute Zeiten gebe, um mit seinen Schutzgeistern Kontakt aufzunehmen. Meine Antwort war immer: »Nein, keine bestimmte.« Ich weiß, daß für Kontakte oft die Todesstunde Jesu – nämlich 15.00 Uhr – empfohlen wird. Meiner Erfahrung nach sollte jedoch der Kontakt so sein, daß Zeitabsprachen überflüssig sind.

Am Anfang meiner eigenen Kontaktaufnahme hielt ich es so, daß ich den Zeitpunkt des Meetings bekanntgab und ihn genau einhielt. Im Laufe der Zeit lernte ich dann, daß mein Schutzgeist keine Ansagen dieser Art brauchte, sondern immer für mich da war.

Das einzige, was eine Kontaktaufnahme wirklich nicht verträgt, ist Eile und Hast. Der Rapport mit Ihrem Engel sollte nur in innerer sowie äußerer Ruhe stattfinden. Wenn eine Entscheidung einmal blitzschnell getroffen werden soll und vor Nervosität oder Aufregung kein inneres Abhören erreicht werden kann, empfehle ich, sich Entscheidungshilfen über Medien – also über vermittelnde Elemente – zu verschaffen.

Ich arbeite in solchen Fällen ausschließlich mit Runensteinen, die sich als absolut zuverlässiges Mittel erwiesen haben. Es war sogar möglich, *während* schwieriger Verhandlungen Hinweise durch einen gezogenen Stein zu bekommen. Dazu gehört natürlich, daß man mit den Runen vertraut ist, ihren Doppelsinn begreift und ein Gefühl dafür entwickelt hat, welcher Stein einem »in die Hand will«. Wie immer funktioniert das Unternehmen über das Unterbewußtsein und dient allein dem »clear up« aufgeregter Hirne.

Wenn Ihnen zum ersten Mal ein klarer, bewußter Kontakt gelungen ist, werden Sie sich regelrecht »high« fühlen. Das hat damit zu tun, daß jedes Einklinken in höhere Entitäten ungeheure Energie vermitteln kann. Ich habe es selbst oft erlebt, daß man Kontakt aufnimmt, während man schon mit unverkennbaren Anzeichen einer Grippe kämpft und wenige Stunden später merkt, daß man keinerlei Beschwerden mehr verspürt. Erschöpfung, Depressionen, Angst, Sorge können mit Hilfe des Schutzgeistes neutralisiert, ja sogar in konträre Gefühle umgewandelt werden. Dies halte ich für die effektivste Begleiterscheinung positiver Jenseitskontakte.

Wer einmal erlebt hat, wie machtvoll ein solcher Energieschub auf die Psyche wirkt, der wird auch verstehen, worüber ich nun leider berichten muß, nämlich über negative Jenseitskontakte. Wie bereits gesagt, wenn der Kanal nach drüben einmal offen ist, ist er für alles offen. Es liegt nun an uns, unsere Sinne und unser Wahrnehmungsvermögen so weit zu schärfen, daß wir selektieren können.

Es gibt im Jenseits genug erdnahe, aber auch in entfernteren Sphären agierende Wesen, die es sich schon beinahe zur Aufgabe gemacht haben, über diesen Weg Menschen zu belästigen. Man wird mit ihnen relativ leicht fertig, wenn man die Spielregeln weiß und später, wenn die Erfahrung dazukommt, die Stimmfärbung der eigenen Leute kennt.

Natürlich kommen über den Kanal auch Wesenheiten, die nicht mit unserem Schutz beauftragt, uns aber trotzdem wohlgesonnen sind. Genau an diesem Punkt fängt die Selektion an. Ich möchte Sie nicht in den rein technischen Teil dieses Buches entlassen, ohne nochmals von der Macht des Wortes gesprochen zu haben.

Teiresias, der blinde Seher, sagt zu seinem nach der grausigen Wahrheit suchenden König Ödipus: »Jedwedes Wort, das unseren Mund verlassen hat, gewinnt ganz eigene Macht.« Nichts kann wahrer sein als dieser Satz. Hüten Sie sich also künftig vor Sätzen, Worten, die Ihre Energie, Ihre Aura schwächen könnten. Dazu gehört vor allen Dingen folgendes volkstümliche Repertoire: Ich bin doch nicht so wichtig. Wer braucht mich schon? Ich bin doch ein Trottel. Das kann ich nicht. Nehmen Sie bitte auf mich keine Rücksicht. Und (was der Gipfel ist als Antwort auf einen Dank): Nicht der Rede wert!

Streichen Sie diese und ähnliche Redewendungen aus Ihrem Gebrauch. Auch das gehört zur Bewußtheit. Wir sind wertvoll, der Beachtung, Rücksichtnahme und Liebe anderer wert, und wenn Sie jemandem Anlaß gegeben haben, sich bei Ihnen zu bedanken, dann ist das nur recht und billig (billig im Sinne von angemessen). Sagen Sie also bitte zukünftig: »Aber bitte, gerne geschehen, hat mir Freude gemacht zu helfen.«

Ein weiterer Mißbrauch des Wortes spielt sich beim Fluchen ab. Werden Sie sich bitte klar darüber, daß jedes gesprochene Negativwort Energie abzieht von Ihnen und Ihrer Umgebung. Und hüten Sie sich vor allem vor gedankenloser Verwendung der höchsten Namen wie Gott, Jesus, Maria, Sakrament und weiterer, in höhere Sphären reichender Vokal- und Konsonantenkombinationen. Sie wirken immer. Und genau so, wie Sie sie verwendet haben! In Zorn und Wut ausgerufen, wirken sie wie ein schlechtgeworfener Bumerang, und die Wirkung ist schlimmer als nur eine Beule am Kopf. Prüfen Sie sich also in dieser Beziehung bis hinein in die intimsten Situationen.

Einige Zeit nach Beginn Ihrer Kontaktaufnahme werden Sie Veränderungen in Ihrem Leben bemerken. Das ist die notwendige Reaktion

Ihrer Umwelt auf Ihre eigene Bewußtseinsveränderung. Vieles, was geschehen wird, wird Ihr absolutes Vertrauen erfordern. Bringen Sie den Mut auf, es zu haben. Alles ist dazu angetan, zu Ihrem Besten zu wirken. Aus der Kraft dieses Wissens sollte Ihnen unendliche Sicherheit erwachsen.

So, und bevor wir uns nun endgültig in die Technik stürzen, soll der gute alte Horaz noch zu Wort kommen. Er sagt: »Odi profanum vulgus et arceo«, was in sehr freier Übersetzung heißt, daß man Nicht-Eingeweihten gegenüber vorsichtig sein und über gewisse Dinge den Mund halten soll. Für Sie heißt das, freuen Sie sich an den Kontakten mit Ihren Schutzgeistern, aber reden Sie nicht wahllos mit jedem darüber. Es gibt Menschen, die in ihrem Bewußtsein noch nicht soweit sind und von Ihrer Information überfordert sein könnten. Die daraus entstehenden Schwierigkeiten können Sie sich durch rechtzeitiges Stillschweigen ersparen. Sie werden mit genügend Gleichgesinnten zusammentreffen, mit denen Sie Erfahrungen austauschen und Hinweise besprechen können. Aber eben nur mit Gleichgesinnten.

TEIL 3

DIE TECHNIK

Um mit den drei wichtigsten Faktoren, mit denen Sie arbeiten werden – nämlich Klang, Licht und Farbe – richtig umgehen zu können, müssen Sie über die Energiezentren, die sogenannten Chakras des Körpers, genau Bescheid wissen. Chakra heißt Rad oder etwas Drehendes. Der Begriff kommt aus dem Sanskrit, das eine uralte vorchristliche Sprache der Priester und Gelehrten Indiens ist. Wir Menschen besitzen sieben Chakras, die aus reiner schwingender Energie bestehen.

Ich habe in meinen Vorträgen immer wieder feststellen müssen, daß die Zuhörer entweder überhaupt nichts von Chakras wußten oder glaubten, sie befänden sich innerhalb des Körpers. Das stimmt nicht. Chakras sind die Energiezentren unseres Ätherleibs, dessen Strahlung Aura (lat.: Luft, Hauch) genannt wird.

Dieser Ätherleib umgibt den Körper wie ein Mantel und hat in sich sowohl Gottbewußtsein als auch allkosmische Energie gespeichert. Wissenschaftlich wurde die Energieabstrahlung unseres Ätherleibs erstmals durch die Verographie nachgewiesen. Ein spezielles Aufnahmeverfahren, das auch namentlich nach seinen Erfindern Semjon und Valentina Kirlian benannt worden ist.

Im Idealfall sind Chakras reibungslos funktionierende Sammel- und Durchgangsstationen für

Energie, die sie aufnehmen und in alle Körperregionen weitergeben. Bei hochentwickelten Menschen dienen die Chakras auch als Empfangs- und Sendestation für die Kontaktaufnahme mit anderen Wesen. Sie werden also verstehen, wie wichtig das Chakra-System für Gespräche mit unseren Schutzgeistern und eine Harmonisierung der 7 Zentren die Voraussetzung für eine ungestörte Leitung nach drüben ist.

Jedes unserer sieben Chakras hat eine ganz bestimmte Schwingungsfrequenz, die den einzelnen Frequenzen der Töne unserer Tonleiter entsprechen. Deswegen ist Musik in der Lage, uns in Aufregung zu versetzen oder beruhigend zu wirken. Jedes Chakra reagiert auch auf eine bestimmte Farbe, die in ihm vorherrscht und die nach dem Gesetz der Farbenlehre auf den Organismus wirkt. Jeder von uns kennt zum Beispiel die aufregende Wirkung von Signal-Rot und den beruhigenden Einfluß eines blauen Nachtlichts.

Hier nun also eine komprimierte Zusammenfassung der sieben Haupt-Chakras und ihrer Funktionen.

Das *erste Chakra* ist das sogenannte Wurzel-Chakra. Wirkungsbereich: unter dem Steißbein. Die zugehörige Lichtfarbe ist rot. Die Frequenz entspricht dem Ton C. Dieses Zentrum ist zuständig für körperliches Wohlbefinden (vitale

Energie), Heilung von Krankheiten, materielle Macht und Wirkung auf andere Menschen (Sexual-Energie).

Das *zweite Chakra* ist das sogenannte Milz-Chakra. Wirkungsbereich: wenige Zentimeter unter dem Nabel. Die zugehörige Lichtfarbe ist orange. Die Frequenz entspricht dem Ton D. Von der Harmonie dieses Zentrums hängen die Qualität des Intellekts, die geistige Klarheit und die Fähigkeit zum logischen Denken ab. Im weitesten Sinn hat dieses Chakra mit Ausscheidung und Reinigung zu tun.

Das *dritte Chakra* ist der Solarplexus. Wirkungsbereich: wenige Zentimeter über dem Nabel. Die zugehörige Lichtfarbe ist gelb. Die Frequenz entspricht dem Ton E. Dieses Zentrum speist das Selbstbewußtein, die Intuition, die allgemeine Sensitivität und unterstützt die Umwandlung von Grob-Stofflichem in Seelisch-Geistiges.

Das *vierte Chakra* ist das Herz-Chakra. Wirkungsbereich: in der Nähe der Brustbeinspitze. Die zugehörige Lichtfarbe ist grün. Die Frequenz entspricht dem Ton F. Durch dieses Zentrum schwingen die Energien zur Erzeugung von Liebesfähigkeit (geben/nehmen), Wachstum, Reichtum und Wohlstand (geistig/seelisch). Dieses Chakra ist das Lebensfreude-Zentrum und auch das Jenseits-Kontakt-Chakra, in Zusammenarbeit mit dem Solarplexus die Grundlage für eine saubere Jenseits-Verständigung.

Das *fünfte Chakra* ist das Kehlkopf-Chakra. Wirkungsbereich: in der Halswölbung. Die zugehörige Lichtfarbe ist blau. Die Frequenz entspricht dem Ton G. Dieses Zentrum ist vor allem Quelle des Klanges und der sprachlichen Verständigungsmöglichkeit, also ein Verteiler schöpferischer Energie und als solcher auch fähig zu heilen.

Das *sechste Chakra* ist das Stirn-Chakra, das auch das dritte Auge genannt wird. Wirkungsbereich: zwischen den Augen. Die zugehörige Farbe ist indigo-blau. Die Frequenz entspricht dem Ton A. Alle Einsichten in die geistige Welt laufen über dieses Zentrum, auf dem die psychischen Fähigkeiten des Menschen basieren.

Das *siebte Chakra* ist das Scheitel-Chakra. Wirkungsbereich: auf der nach dem Säuglingsalter zugewachsenen großen Fontanelle. Die zugehörige Farbe ist violett. Die Frequenz entspricht dem Ton H. Über dieses Zentrum kann die absolute Verbundenheit mit der kosmischen Energie (Prana) erreicht werden, das Einswerden mit der göttlichen Entität, die Bewußtheit des All-Eins-Sein.

Dieses sind also die sieben Hauptzentren. Es gibt noch eine Vielzahl von Neben-Chakras, auf die ich aber nicht näher eingehen möchte, da sie für Jenseitskontakte eine eher untergeordnete Rolle spielen.

Das, was wir anstreben, ist eine unsere Versuche unterstützende und begünstigende Harmonisierung unserer Gesamtenergie. Beginnen Sie mit der Arbeit an Ihren Chakras erst, wenn Sie mit dem Lichtritual keine Schwierigkeiten mehr haben. Denn wenn Sie nicht gelernt haben, kosmisches Licht generell zu visualisieren und fließen zu lassen, werden Sie mit dem differenzierten Umgang mit Licht/Farbe erst recht nicht fertig.

Als erstes wählen Sie die Übungshaltung, die Ihnen am bequemsten ist. Lassen Sie sich von niemandem erzählen, daß Sie im Lotussitz zu arbeiten haben, womöglich auch noch mit qualvoll verrenkten Knien. Mit Übungshaltungen ist es wie mit dem Essen: Man möge sie bitte dem Bedarf entsprechend dosieren.

Der Tag wird kommen, wo Ihnen der Lotussitz ein inneres Bedürfnis sein und die Übung zur Zen-Meditation geraten wird. Doch vorher setzen oder legen Sie sich so, wie es Ihnen am richtigsten vorkommt. Spielen Sie vorerst keine Meditations-Musik. Das hat nichts damit zu tun, daß ich was gegen Musik hätte, aber wenn Sie zufällig an eine Kassette geraten, die in G-Dur spielt, dann werden Sie ganz schön Schwierigkeiten haben, Ihr Wurzel-Chakra optimal zu erfühlen, das in C schwingt.

Also bitte, erst mal Ruhe, warmhalten und wiederum in sich hineinfühlen. Spüren Sie den Boden, wie er Sie trägt und sichert, und seien Sie sich dieses Schutzes bewußt.

Und nun beginnen Sie zu atmen. Das tun Sie zwar schon die ganze Zeit, aber ich möchte gerne, daß Sie den Atem überall hineinschicken, und sei es in den großen Zeh. Machen Sie sich ein Spiel daraus, einen Punkt Ihres Körpers geistig festzustellen und ihn mit Luft zu füllen. Wenn Sie das können, fangen Sie an, mit Ihrem Atem den ganzen Körper zu füllen. Brustkorb, Becken, Beine, Nacken, Kopf, alles füllt sich beim Luftholen (Yang) und gibt gerne wieder ab im Ausatmen (Yin).

Blasen Sie sich bitte nicht krampfhaft auf. Es geht hier nicht um viel, sondern um bewußt atmen. Genießen Sie den Vorgang, bis es so weit ist, daß Sie fühlen, ich brauche nichts mehr zu tun, ich werde geatmet. Das ist der Moment, wo Sie anfangen können, Ihre Atemluft zu färben.

Ich kenne Chakra-Lehrbücher, die mit den abenteuerlichsten Farben arbeiten, zum Beispiel leuchtendes Gelb im ersten Chakra und Mittelblau als Zugehörigkeitsfarbe beim zweiten Chakra. Ich befürworte für den Anfänger die Arbeit mit den allgemein bekannten Farben, die meiner Auflistung zu entnehmen sind. Allerdings empfehle ich immer der entsprechenden Farbe einen Schuß von leuchtendem Gold zuzugeben.

Also visualisieren Sie Ihr Wurzelzentrum, und füllen Sie es mit Hilfe Ihres Atems mit gold-rotem Licht. Merken Sie, wie sich Ihr Unterleib erwärmt, die Wärme in die Oberschenkel, ja bis in die Füße ausstrahlt? Denken Sie sich das Anschwellen der Farbe im Zentrum wie einen mehr und mehr aufgeblasenen Luftballon.

Wenn Ihr erstes Chakra gefüllt ist, lassen Sie die Farbe darin stehen, und bilden Sie aus ihr die Farbe für das zweite Chakra – ein schönes Gold-Orange. Fühlen Sie, wie Ihr Bauch angenehm zu vibrieren anfängt, ein Gefühl der Dehnung im Becken eintritt und wie das Gold-Orange immer wieder durch jeden Atemzug verstärkt wird.

Nun bauen Sie Ihre Farbskala auf Gelb aus und schicken die strahlendste Sonnenfarbe, die Sie sich nur vorstellen können, in Ihren Solarplexus. Wenn Sie es richtig machen, werden Sie am Ende der gesamten Übung Hunger haben. Ihr Magen entkrampft sich. Um Ihre gesamte Mitte legt sich ein Reif von Wärme und Wohlsein. Die All-Einheit atmet Sie. Nichts kann Ihnen geschehen. Alles ist gut und in Ordnung.

Ihre drei Grund-Chakras schwingen in satter Farbharmonie. Lassen Sie das Gold von unten nach oben durchfließen, bis es bereit ist, sich aus dem Gelb des Solarplexus zu lösen und hinaufzusteigen bis ins Herz-Chakra, wo es sich in ein helles Grün verwandelt. Ihr Brustkorb weitet sich, Ihr Herzschlag wird intensiver und ganz gleichmäßig, in beiden Schultern spüren Sie den Fluß von gold-grüner warmer Farbe.

Ihr Atem fließt warm und gleichmäßig durch die Kehle, und genau an dieser Stelle lassen Sie nun das Gold-Grün hochfließen und sich in ein wunderschönes Blau verwandeln. Ihre Wangen werden warm. Ihr Speichelfluß vermehrt sich. Im Nacken spüren Sie ein wohliges Ziehen. Die Wärme überzieht Ihr ganzes Gesicht und sammelt sich schließlich im sechsten Chakra zwischen den Augen.

Das Blau des Halszentrums steigt durch Ihren Gaumen, durch die Nase bis ins dritte Auge, wo es sich in ein intensives Indigo verwandelt. Vielleicht nicht beim ersten Mal, aber nach zirka einem Monat werden Sie das Indigo-Blau bei geschlossenen Augen sehen. Ziehen Sie das Gold nun von ganz unten herauf bis in die Stirn, fühlen Sie, wie alle Chakras gleichmäßig vibrieren und wie das Gold alles verbindet, reinigt, intensiviert, heilt, löst und sich mit dem Indigo-Blau des dritten Auges mischt, eins wird, nach oben in Ihren Scheitel steigt und sich als sattes Violett dort sammelt.

Fühlen Sie, wie Ihr Hirn hell wird, wie das Violett immer intensiver und röter wird, und entlassen Sie es wie eine Feuerflamme nach oben. Fühlen Sie: Ich bin die vollkommene Harmonie, ich bin Teil der göttlichen Schwingung, ich bin voller Liebe und Hingabe. Ich bin bereit.

Wenn Sie wirklich so weit sind, dann werden Sie hören. Seien Sie ohne Furcht, ohne Bedenken. Ihr Schutzgeist liebt Sie und hat nur auf diesen Moment gewartet. Hören Sie ihn mit Freude und Dankbarkeit.

Das war die Chakra-Übung für die Begabten und schon Geübten. Aber ich hätte wirklich Gedächtnisschwund, wenn ich mich nicht erinnern würde, wie leicht sich alles liest und wie schwer für die Anfänger diese Dinge umzusetzen sind.

Als ich diese Übung einmal in einem Kursanatorium durchführte, merkte ich, daß von dreißig Leuten nur zwei sie wirklich umsetzen konnten. Ich war sehr betreten. Augenscheinlich hatte ich meine Schützlinge überfordert. Ich meldete Hilfsbedürftigkeit nach »oben«. Das, was mir dann »einfiel«, hat meinen Kurs zu einem vollen Erfolg werden lassen.

Jeder bekam sieben Gläser.

Glas eins:	Blutorangensaft,
Glas zwei:	Orangensaft,
Glas drei:	Orangensaft mit Mineralwasser,
Glas vier:	Waldmeisterlimonade,
Glas fünf:	Heidelbeersaft, verdünnt mit Wasser,

Glas sechs: Heidelbeersaft mit Zitrone.
Glas sieben: Sauerkirschsaft mit Zitrone.

Und dann tranken wir die Farben in unsere Chakras. Durch die Gleichzeitigkeit des Trinkens verstärkte sich auch noch die Wirkung. Probieren Sie's, aber vergessen Sie das Atmen nicht dabei, und werden Sie nicht ungeduldig, wenn nicht alles auf Anhieb so klappt, wie Sie es gerne hätten.

Das Erzeugen der Schwingung, die das Kontaktieren ermöglicht, ist anfänglich nicht leicht. Das wirkliche Empfinden des »Ich-bin-bereit« erfordert Vertrauen, Demut und immer wieder Geduld. Um so schöner wird es sein, wenn Sie die ersten Erfolge Ihrer Mühen ernten.

Zuerst werden Sie vielleicht nur einen Summton hören oder Töne oder ein leises Rauschen, auch ein sanfter hoher Pfeifton ist als Ouvertüre schon vermeldet worden. Generell kann man sagen, daß die Premiere sich völlig individuell abspielt. Auf jeden Fall werden Sie eines Tages eine Stimme hören, die anders klingt als Ihre Denkstimme. Diese Stimme muß ruhig, gütig und wohlklingend sein. Sollte sich ein Stimmorgan rühren, das Sie – in welcher Weise auch immer – unangenehm berührt, so sagen Sie ganz ruhig: »Kehre zu den Deinen zurück, im Namen des Vaters, des Sohnes und des Heiligen Geistes.«

Nochmals, weil es so wichtig ist, sage ich es:

Mit all diesen Übungen öffnen Sie einen Kanal nach »oben«, und wie jeder Kanal ist auch dieser a) beidseitig befahrbar und b) der Allgemeinheit zugänglich. Es liegt nun an Ihnen, der Allgemeinheit klarzumachen, wer erwünscht ist und wer nicht.

Wenn Sie eine profunde Basis aus Gottverbundenheit und Liebe anbieten, werden die Ihnen Verbundenen keine Schwierigkeit haben, Ihre Kontaktanfrage zu erwidern, während die Unerwünschten Sie meiden werden.

DAS SYSTEM

Funktionierende, der zeremoniellen Magie zugehörige Rituale weiterzugeben, bedeuten für den, der diese Aufgabe übernimmt, immer vor allem eins: Verantwortung.

Ich habe lange überlegt und mich beraten, ob ich mir diese Verantwortung aufladen soll. Daß ich es nun tue, hat mit folgenden Gedanken zu tun: Als wir Kleinkinder waren, hat man sorgfältig darauf geachtet, daß wir mit Messer, Gabel, Schere und Licht nicht zu früh in Kontakt kamen. Trotzdem ist zur rechten Zeit der Moment eingetreten, wo wir lernten, mit diesen Dingen umzugehen. Wir haben uns geschnitten, gebrannt und gestochen, und heute gehen wir selbstverständlich mit allen diesen Werkzeugen und Elementen um – wir haben gelernt.

Genauso ist es mit den Systemen, die ich hiermit weitergebe. Wir sind alt genug, um zu verstehen, worum es geht.

Wir wissen, daß ein Messer zum Schneiden unseres täglichen Brotes, aber auch zum Töten eines Menschen verwendet werden kann. Es liegt an uns, die Grenze zu wahren. Ich habe die aus dem bewußten Umgang mit nichtmateriellen Entitäten erwachsenden Konsequenzen, Pflichten und Verantwortlichkeiten hinlänglich und mehrmals betont.

Ich möchte auch nicht versäumen, auf folgendes hinzuweisen: Wer einmal anfängt, an diese

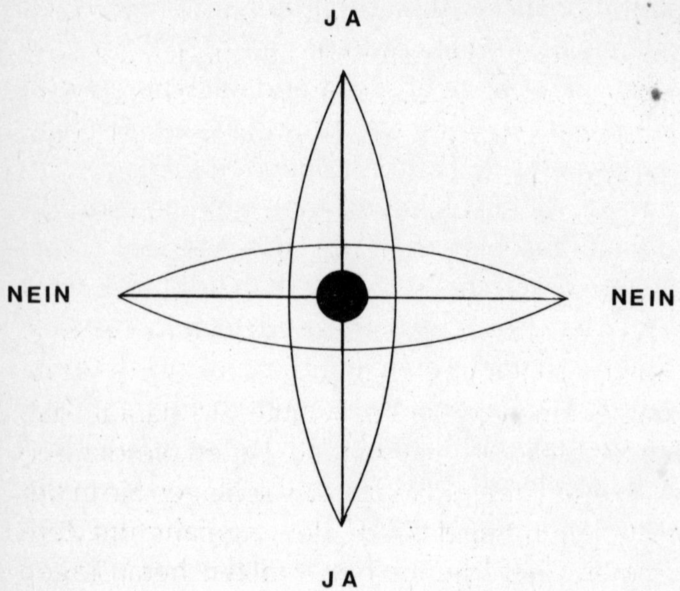

Abb. 2: Ja und Nein

heiligen Dinge Hand zu legen, hat sich auf ein Gebiet begeben, aus dem es kein Zurück mehr gibt. Wer also auch nur das geringste Gefühl der Angst oder der Unsicherheit empfindet, der höre am besten hier an dieser Stelle zu lesen auf. Der Zeitpunkt der Reife wird im richtigen Moment kommen.

Diejenigen, die sich bereit fühlen, möchte ich nun mit dem mir von dem holländischen Ehepaar übertragenen System vertraut machen.

Sie benötigen dazu zwei Holzlatten von je fünfzig Zentimetern Länge und zirka vier Quadratzentimetern Stärke. Achten Sie darauf, daß Sie leichtes Holz verwenden. Legen Sie die beiden Latten übereinander, und schlagen Sie in der Mitte einen Nagel durch, der ungefähr fünf Zentimeter über die beiden Hölzer herausragen muß. Drehen Sie nun die beiden Latten in Kreuzform. Nun nehmen Sie ein Papier mit den Maßen vierzig mal fünfzig (fünfzig mal sechzig) Zentimeter. Schreiben Sie in die linke obere Ecke das Wort »Nein«, in die rechte obere Ecke das Wort »Ja«, in die Mitte schreiben Sie »Willkommen in Gottes Namen«, darunter schreiben Sie von links nach rechts in vier Reihen die 26 Buchstaben des Alphabets sowie die Kombinationen SCH und CH. Als fünfte Reihe schreiben Sie die Zahlen Null bis Neun. Bemühen Sie sich, die Buchstaben und Ziffern gleichmäßig und formschön zu setzen. Es gibt diese sogenannte Planchette auch als Quija-Board zu kaufen. Meiner Erfahrung nach sollten diese Dinge jedoch selbst gefertigt werden und durch Ihr eigenes Herstellen Ihre Schwingungen bereits aufnehmen.

Besorgen Sie sich nun ein violettes Seidentuch in entsprechender Größe, und bewahren Sie Ihre Planchette, Ihre Tafel, in dieses Stück Stoff gerollt, an einem dafür geeigneten Ort auf. Diese Rolle sollte von niemandem außer von Ihnen selbst berührt werden.

Nun ist es an der Zeit, einen Partner, eine Person Ihres Vertrauens zu finden, die Ihr Sekundant werden soll. Es kann natürlich auch vorkommen, daß sich Ihr Sekundant als Séancen-Leiter entpuppt, doch das wird sich erst während der ersten Sitzung herausstellen. Vorerst gilt es, jemanden zu finden, der bestimmt ist, mit Ihnen gemeinsam die Kontaktaufnahme zu vollziehen. Überstürzen Sie nichts. Warten Sie, bis sich in Ihrer Umgebung jemand zeigt, von dem Sie sicher wissen, daß er sich der Tragweite der Handlung bewußt ist, und der Ihrer geistigen Reife gleich oder überlegen ist. Lassen Sie sich niemals aus Neugier dazu verführen, wahllos Leute in Ihr Geheimnis einzuweihen. Wenn Sie einen Menschen gefunden haben, der Ihnen vertrauenswürdig erscheint, verabreden Sie sich für den ersten Versuch möglichst spät abends.

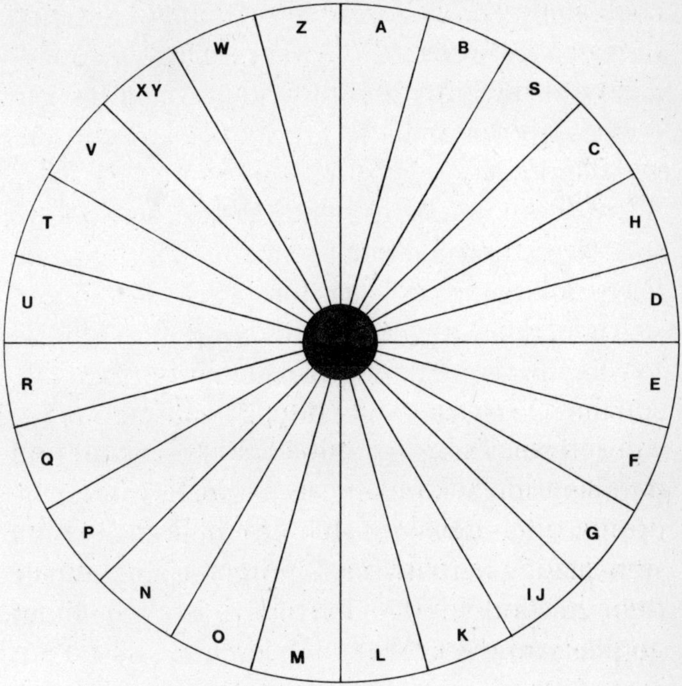

Abb. 3: Buchstaben-Planchette

Um diese Tageszeit ist die Allgemein-Schwingung beruhigter als am Tag, was Ihrer Unternehmung nur förderlich sein kann. Wählen Sie einen Raum, in dem Sie mit Sicherheit absolut ungestört sind und in dem sich kein Telefon, kein Fernseher oder ähnliche größere elektrische Geräte befinden.

Um Ihre Planchette richtig plazieren zu können, benötigen Sie einen entsprechend großen Tisch, der im Idealfall aus Holz sein sollte. Sorgen Sie dafür, daß der Raum ungefähr eine Stunde vor Beginn Ihrer Sitzung von keinem Unbeteiligten mehr betreten wird. Lüften Sie ausgiebig. Sodann zünden Sie mehrere weiße Kerzen an und verteilen sie gleichmäßig im Raum. Besorgen Sie sich Räucherstäbchen, aber übertreiben Sie bitte nicht. Ich habe Séancen-Zimmer erlebt, wo die Teilnehmer sich vor Rauch nicht mehr sehen und vor Husten nicht mehr hören konnten. Es soll nur der Hauch eines Wohlgeruchs im Zimmer liegen. Am besten ist natürlich Weihrauch, der aber leider nicht leicht zu beschaffen ist. In indischen Geschäften und im esoterischen Fachhandel wird man manchmal fündig.

Ich höre immer wieder von Sitzungen, die im »mystischen Halbdunkel« stattfinden. Ich selbst lege Wert auf einen lichten, sauberen Raum und empfehle das auch weiter.

Breiten Sie nun auf dem Tisch zuerst das violette Tuch und dann darauf Ihre Buchstabentafel aus. Sorgen Sie für zwei bequeme Stühle. Wenn Sie irgendwann einmal »Profi« sind, werden Sie sich einen Knie-Sitzer anschaffen. Dieses Möbel entlastet die Wirbelsäule ungemein, die Energie kann ungehemmt fließen, und was das vor allem bei so einer Unternehmung für eine Rolle spielt, brauche ich wohl nach allen Erklärungen nicht mehr zu betonen.

Es ist schon schwierig, einen integren Sekundanten zu finden, noch schwieriger ist es, eine dritte Person aufzutreiben, die mitschreibt. Ich wünsche Ihnen dieses Glück sehr, bereite Sie aber jetzt schon darauf vor, daß Sie sich wahrscheinlich mit einem Tonbandgerät begnügen müssen, es sei denn, Sie verfügen über ein exzellentes Gedächtnis.

Wenn Ihr Sitzungspartner kommt, unterhalten Sie sich erst mal ein Weilchen miteinander. Trinken Sie ein Gläschen Wasser oder Saft (kein Alkohol und kein Nikotin bitte) oder ein Täßchen Tee, und reden Sie von erfreulichen Dingen. Je entspannter, liebevoller die Atmosphäre ist, desto größer sind Ihre Chancen.

Wenn Sie das Gefühl haben, daß »alles stimmt‹, setzen Sie sich gegenüber an den Tisch, so daß Sie die Planchette von vorne, Ihr Sekundant von rückwärts sehen. Reichen Sie sich beide Hände, und sprechen Sie gemeinsam das »Vater unser«. Bleiben Sie nach Beendigung des Gebets noch eine Weile in dieser Stellung, und hüllen Sie Ihren Partner in goldenes Licht.

Nun nehmen Sie das Holzkreuz und legen sich und Ihrem Partner je zwei Enden auf den Zeigefinger der rechten und linken Hand. Halten Sie das Holz *nicht* fest, es soll locker aufliegen. Der Nagel soll ungefähr zwei Zentimeter über der Mitte der Planchette schweben. Die Arme dürfen *nicht* aufgestützt sein.

Anfänglich werden Sie wahrscheinlich Rükkenschmerzen bekommen. Hier hilft sofort richtiges Atmen, wie es in der Atemübung beschrieben ist. Sollten die Schmerzen unerträglich werden, beenden Sie die Sitzung sofort.

Und nun rufen Sie Ihren Schutzgeist. Nennen Sie Ihren Namen, und geben Sie Ihrer Bereitschaft und Freude Ausdruck. Es ist wahrscheinlich, daß das allererste Zeichen eines jenseitigen Kontakts sich als Zittern oder Kreisen des Kreuzes ankündigen wird. Im Idealfall werden Sie das Gefühl haben, Ihr Partner zieht das Kreuz in eine bestimmte Richtung. Folgen Sie diesem Zug mit aller Feinfühligkeit.

In den ersten Sitzungen werden Sie nur mit »Ja« und »Nein« arbeiten können. Lernen Sie an diesem Gefühl des Ziehens und Niederdrükkens, das Sie in Ihren Händen empfinden werden, wie die Feinarbeit mit den Buchstaben sich dann letztendlich gestalten wird. Im Idealfall bewegt sich das Kreuz zielsicher und plaziert den Nagel bestimmt und einwandfrei auf die Buchstaben, die hintereinander wahrgenommen sinnvolle Worte oder Sätze ergeben müssen.

Bewahren Sie Ruhe und Geduld. Wenn Sie das Gefühl haben, daß »jemand« am Werk ist, fragen Sie sofort nach seinem Namen, klären sie unter Umständen zunächst mit »Ja« und »Nein« seine Zugehörigkeit und Funktion. Stellen Sie keine blödsinnigen Fragen (check-up-questions). Beleidigen Sie die Jenseitigen nicht mit Unsinn wie: »Wo war ich im letzten Urlaub?« oder »Wie ist der Name meiner Katze?« (alles schon vorgekommen, leider).

Fragen Sie, was man Ihnen zu sagen wünscht und was Sie verbessern können. Beenden Sie die Sitzung sofort, wenn gesagt wird: »Hier ist Gott oder der Satan oder Napoleon oder Cäsar oder dergleichen.« In diesem Fall stimmen Ihre Voraussetzungen nicht, und Sie müssen entweder einen günstigeren Termin abwarten oder noch gründlicher an sich selbst arbeiten.

Es kann bei diesen Sitzungen auch vorkommen, daß sich Ihnen bekannte Verstorbene melden. Gehen Sie auf diesen Kontakt nur ein, wenn Sie dabei das Gefühl des Friedens und der Liebe haben. Selbst wenn Sie Ihre Oma bei Lebzeiten noch so sehr geliebt haben, sollte sie sich in einer fahrigen und verworrenen Art melden, beenden Sie die Konversation unverzüglich mit den besten Wünschen und der klaren Aufforderung, sich zurückzuziehen.

Dehnen Sie Ihre ersten Sitzungen niemals länger als eine Stunde aus. Fast bin ich geneigt zu sagen: dreißig Minuten. Sie müssen erst lernen, mit diesen Energien richtig umzugehen. Dann wird Ihnen auch eine längere Sitzung nicht das Geringste ausmachen. Im Gegenteil – Sie werden sich nachher wie eine frischgeladene Batterie vorkommen.

Nach einwandfreien Sitzungen habe ich oft tagelang nur minimal Schlaf benötigt und sah frisch und blühend aus. Und so muß es immer sein. Bei Sitzungen, die auch nur die geringsten Spuren der Erschöpfung oder Niedergeschlagenheit hinterlassen, hat etwas nicht gestimmt. Unter Umständen muß Ihr Partner ausgetauscht werden, oder Sie selbst waren nicht in Ordnung.

Nochmals: Bewahren Sie Geduld! Geben Sie nicht auf. Versäumen Sie nie, um gute Kommunikation zu bitten. Es empfiehlt sich, vor den Sitzungen die Fragen aufzuschreiben, die man beantwortet haben will. Denn wenn ein Kontakt zustande kommt, ist man meist so überwältigt, daß man sich an nichts mehr erinnert.

Wenn eine Frage, die Sie stellen, nicht Ihren Erwartungen entsprechend beantwortet wird, bohren Sie nicht, schauen Sie lieber nachher die Antwort genau an, die Ihnen zunächst nichts gesagt hat. Es wird oft vorkommen, daß Sie nach einigem Nachdenken durchaus auf eine sinnvolle Aussage kommen.

Wenn Ihr jenseitiger Sprecher sich verabschiedet, dann gehen Sie bitte darauf ein. Eine solche Kontaktaufnahme kostet beide Seiten Energie, und unsere »Jenseitigen« können besser als wir beurteilen, wann eine Konversation beendet werden muß. Bedanken Sie sich, und schließen Sie genauso, wie Sie angefangen haben – mit dem Sprechen des »Vater unser«.

Wenn das System funktioniert, werden sich Ihnen unglaubliche Möglichkeiten erschließen. Dieses zu erarbeiten ist nun Ihre Aufgabe.

Eines Tages wird Ihnen nun genau das passieren, was mir widerfahren ist. Sie werden eine bestimmte Aussage (wörtlich) brauchen, und kein Sekundant wird verfügbar sein.

Ich war in dieser Situation, als Immy Schell von mir wissen wollte, was ihr verstorbener Mann auf der Fahrt nach Wien immer gesagt habe. Es war spät abends, als sich mir dieses Problem stellte, und ich war zunächst ziemlich »aufgeschmissen«, aber trotzdem nicht gewillt, klein beizugeben. Innerhalb einer Viertelstunde kam ich auf folgendes, auch von Einzelpersonen durchführbares System: den Pendel-Kontakt.

Ich war damals noch nicht so ein geübter Pendler wie heute und hatte zunächst unglaubliche Schwierigkeiten mit dieser Methode, für die man folgendes Handwerkszeug braucht: einen Pendel aus Metall oder Glas (Berg-Kristall), eine Buchstaben-Planchette nach dem in Abb. 3 dargestellten Muster und einen Zahlenhalbkreis, falls man Jahreszahlen erhalten möchte oder Fragen stellt, die mit Zahlen zu tun haben (Abb. 4). Um den Kreis herzustellen, brauchen Sie nicht unbedingt einen Zirkel, ein Teller, den Sie umrunden, erfüllt denselben Zweck.

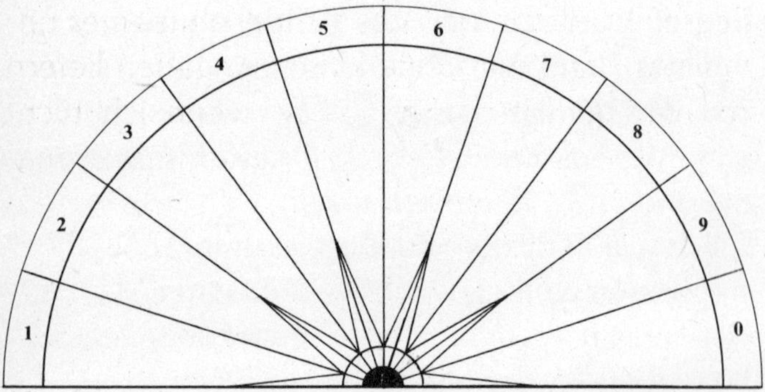

Abb. 4: Zahlenhalbkreis

Setzen Sie sich nun an einen Tisch, auf dem Sie Ihren Ellbogen bequem aufstützen können, wickeln Sie sich Schnur oder Kette, an dem das Pendel hängt, um den rechten Zeigefinger und halten sie mit dem Daumen fest. Verkrampfen Sie sich bitte nicht. Halten Sie nun das Pendel genau über den Mittelpunkt des Buchstabenzirkels, und rufen Sie, wen Sie zu sprechen wünschen, oder sagen Sie nur, daß Sie Hilfe brauchen und um was es geht.

Um es ehrlich zu sagen: An diesem ersten Abend habe ich die Geduld verloren. Ich war viel zu aufgeregt und hastig und erlebte dadurch ein echtes telekinetisches Phänomen, was ich in meiner Schusseligkeit aber erst nachher begriff: Dadurch, daß das Pendel an meiner unruhigen Hand mir keine klaren Angaben liefern konnte, sagte ich mir: »Okay, wenn ich nicht kann, dann soll's doch der Kohut selber machen«, nahm das Pendel, hängte es an einem langen Zwirnsfaden an dem Haken auf, der eigentlich für das alljährliche Befestigen des Adventskranzes gedacht war, legte den Buchstabenzirkel so darunter, daß das Pendel genau über dem Mittelpunkt schwebte, setzte mich bequem daneben und wartete.

Zuerst schwang das Pendel unkontrolliert in verschiedenste Richtungen, doch plötzlich verharrte es leise zitternd über dem Mittelpunkt und begann dann gegen jedes physikalische Gesetz von der Mitte aus ohne Gegenschwung auf die Buchstaben zu zeigen, die zuletzt das Wort »zurückfliegen« bildeten.

Während dieses Vorgangs spielte sich in meinem Kopf die im biographischen Teil beschriebene Konversation ab. Das Wort, um das es ging, bildete sich nach dem »Wart mal, ich muß nachdenken . . .« Zwischen diesem Satz und dem »Nein, zurückfliegen ist besser« lagen etwa fünf Minuten. So lange dauerte es, bis das Wort sich via Pendel formierte. Dieser Versuch war der erste und letzte mit einem selbständig schwingenden Pendel.

Ab diesem Tag übte ich jeden Tag eine ruhige Viertel- bis Halbestunde lang. Zuerst nur mit »Ja« und »Nein« (siehe Abbildung 2). Als sich die Ergebnisse hierbei als hieb- und stichfest erwiesen (man glaubt gar nicht, was man mit nichts als »Ja« und »Nein« alles herauskriegen kann), wechselte ich auf den Buchstabenzirkel über (Abb. 3).

Es dauerte etwa ein halbes Jahr, bis ich perfekt war und ab sofort von jedem Sekundanten unabhängig war, wenn ich wollte. »Zufällig« bekam ich in dieser Zeit eine Lehrerin, die mir die richtige Verwendung von Vokalen und Konsonanten beibrachte. Mit Hilfe dieser magischen Formel (um nichts anderes handelt es sich nämlich) gelang es mir, meine Umgebung so zu hermetisieren, daß unerwünschte Geistwesen sich keinen Zutritt mehr verschaffen konnten.

Die beiden Formeln, die für Sitzungen am wichtigsten sind, heißen:

1. D – S – S und
2. J – H – W

Sie werden folgendermaßen verwendet: Holen Sie tief Luft, und sprechen Sie im Ausatmen siebenmal hintereinander deutlichst und scharf akzentuiert die D–S–S-Formel. Dieser Vorgang wird insgesamt siebenmal wiederholt (also 49mal D–S–S). Erst wenn Sie keine Wirkung zu verspüren glauben, verfahren Sie in derselben Weise mit der J–H–W–Formel.

Ich selbst verwende die Kombinationen inzwischen so, daß ich sie mir als brennende Riesenbuchstaben mitten in den Raum hinein imaginiere und sie bis zur Beendigung der Kontaktaufnahme stehen lasse. Am Schluß löse ich die Imagination in weißem Licht auf, das ich durch den Solarplexus aufsauge.

Diese imaginäre Schutzwand funktioniert hervorragend und nicht nur bei Kontakten mit dem Jenseits. Ich habe damit schon öfter unangenehme Menschen buchstäblich in die Flucht geschlagen, das heißt, aus meiner Umgebung entfernt.

Nun wissen Sie also alles, um mit Ihren geistigen Helfern in Kontakt zu treten. Pflegen Sie dieses Wissen. Es ist kostbar.

Zuletzt möchte ich doch nicht versäumen, Ihnen eine letzte und wichtige Möglichkeit der Problemlösung mit Hilfe von Schutzgeistern mit auf den Weg mitzugeben, die ich gern und erfolgreich verwende, wenn der Alltagsstreß mir nicht die Ruhe gönnt, die ich brauche, um optimale Lösungen abzufragen: den Traum.

Im Schlaf löst sich Ihre Seele vom Körper und hat in diesem Zustand ungeahnte Möglichkeiten. Konzentrieren Sie sich vor dem Schlafengehen auf Ihren Schutzgeist. Schildern Sie das Problem, und bitten Sie um Hilfe im Schlaf. Entweder werden Sie die Lösung träumen oder mit ihr aufwachen. Manchmal benötigt man mehrere Anläufe und – viel Geduld und Vertrauen.

Auch wenn Ihre Bemühungen nicht sofort Früchte tragen, verlieren Sie niemals den Glauben, denn er ist Ihr Kraftwerk, das die Grundlage für alle Ihre Erfolge ist.

Es bedarf der Mensch der inneren Treue
Der Treue zu der Führung der geistigen Wesen
Er kann auf dieser Treue auferbauen
Sein ewiges Sein und Wesen
Und das Sinnensein dadurch
Mit ewigem Licht
Durchströmen und durchkraften.
Rudolf Steiner

Zum Weiterlesen

Bardon, Franz, Der Weg zum wahren Adepten, Freiburg 1987

Blum, Ralph, Runen, München 1982

Hartmann, Otto-Julius, Anthroposophie, Schaffhausen 1950

Kardec, Allan, Das Buch der Geister, Freiburg 1987

Mallasz, Gitta, Die Engel erlebt, Zürich 1983

Schroeder, Hans-Werner, Mensch und Engel, Frankfurt/M. 1982

Silver, Jules, Numerologie, Genf 1979

Stangl, Marie-Luise, Die Welt der Chakren, Düsseldorf 1984

Wendt, Viktor K., Polarität, Basel 1986

Zeylmans van Emmichoven, F. W., Rudolf Steiner, Stuttgart 1974

Murphy Autogenic-Kassetten

Dr. Joseph Murphy jetzt auch als **Autogenic-Kassettenprogramm,** mit Meditationsmusik unterlegt.

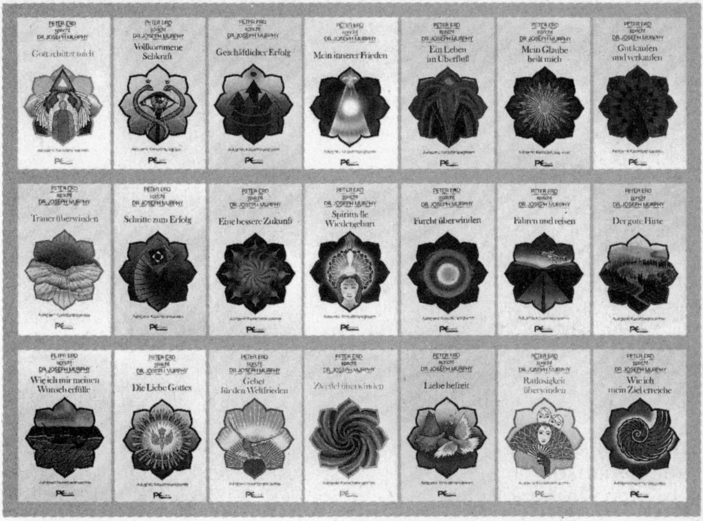

- ★ Liebe befreit
- ★ Die Liebe Gottes
- ★ Eine bessere Zukunft
- ★ Spirituelle Wiedergeburt
- ★ Trauer überwinden
- ★ Furcht überwinden
- ★ Ratlosigkeit überwinden
- ★ Zweifel überwinden
- ★ Fahren und reisen
- ★ Mein Glaube heilt mich
- ★ Vollkommene Sehkraft
- ★ Mein innerer Frieden
- ★ Gebet für den Weltfrieden
- ★ Schritte zum Erfolg
- ★ Wie ich mein Ziel erreiche
- ★ Geschäftlicher Erfolg
- ★ Ein Leben im Überfluß
- ★ Wie ich mir meinen Wunsch erfülle
- ★ Gut kaufen und verkaufen
- ★ Gott schützt mich
- ★ Der gute Hirte

Erhältlich in Ihrer Buchhandlung.

Bitte fordern Sie das kostenlose **PETER ERD Journal** direkt beim Verlag an:

PETER ERD

Postfach 75 09 80 · 8000 München 75 · Telefon 0 89 / 7 25 30 04